低利率环境下 SABR
随机波动率模型的计算问题研究

杨 念〇著

南京大学出版社

目　录

第一章 概　述

一、背景

  自 20 世纪 80 年代至 90 年代利率和外汇衍生品交易兴起以来,利率和外汇衍生品构成了场外(OTC)衍生品市场的主要部分. 根据国际清算银行2024 年的统计[①],OTC 衍生品的名义和实际市值均达数万亿美元. 其交易的主要参与者是机构投资者,包括金融机构和非金融机构.

  Fleming et al. (2012)和国际清算银行调查了市场上常见的利率衍生品. 利率衍生品可以分为两类. 第一类是价值主要由远期利率决定的金融工具. 这些衍生工具包含各种债务工具、远期利率协议、利率掉期、债券期

---

  ① https://data.bis.org/topics/OTC_DER/data.

货、信用违约掉期等,这些工具的价值就是市场预期的表现. 比如,人们可以用零息债券的价格、掉期利率等来构建远期利率曲线或贴现曲线,这些曲线是投资者管理其投资组合的起点.

此外,这些流动性工具使风险管理和投机变得更加容易,我们将以利率掉期为例来说明这一点. 利率掉期是双方同意交换利率现金流的协议. 现金流以特定的名义金额为基础,从固定利率转换为浮动利率,或从一种浮动利率转换为另一种浮动利率. 典型的浮动利率是 LIBOR 利率. 掉期可以帮助投资者对冲利率风险. 对于非金融公司来说,它可以使用这些工具来管理他们未来的现金流. 如果公司认为未来利率会上升,公司可以签订利率掉期来支付固定利率. 这样,公司就可以锁定他们的利率风险敞口. 投资者一旦相信可以根据自己的不同观点获利,也可以利用掉期进行投机. 如果投资组合经理认为未来利率会下降,他可以签订掉期协议来支付浮动利率(LIBOR). 他可以在利率如他所愿下降的情况下赚取利润.

第二类是基于远期利率的动态工具,在这种情况下,波动率很重要. 人们也可以使用这些工具来对冲利率波动. 最常见的衍生工具包括债券期权、利率上限/下限期权(caps/floors)、互换期权等. 除了这些标准期权外,还有一些嵌入式期权,比如贷款中嵌入的提前还款期权. 抵押贷款持有人持有提前还款期权,因为他/她可以提前还款. 市场上不仅有这些普通产品在交易,还有一些具有异域特色的产品也在活跃交易. 例如,利率上限/下限期权是对 LIBOR 远期利率的一篮子欧式看涨/看跌期权. 即期生效利率上限/下限(spot starting caps/floors)是具有给定执行价格的典型欧式期权,而远期生效利率上限/下限(forward starting caps/floors)的执行价格是未来预定日期的标的资产水平. 即期生效和远期生效类型的上限/下限都在市场上进行流动性交易. 还有一种是障碍型期权,比一般的普通期权便宜. 因此可以用它来降低建仓成本. 本章最后一节有关于远期生效期权和障碍期权更详细的描述.

为了管理与这些期权相关的风险,我们需要模型来描述标的资产的动态学,如远期汇率. 在下一节中,我们将简要介绍定价和对冲模型的发展.

二、定价和对冲模型

Black & Scholes(1973)首先提出 Black-Scholes 模型(Black-Scholes Model),Merton(1973)修改了该模型使之更完善. 从此,人们有了对例如股票价格、外汇汇率等标的资产的期权进行估值和对冲的工具. Black (1976)进一步将同样的原理扩展到利率衍生品. 因此,人们使用 Black 模型 (Black model)对外汇和利率衍生品的期权进行定价和对冲. 为了使定价和套期保值的思路更加具体和精确,下面给出了 Black 模型和相关的 Black 公式(Black's formula).

标的过程 F_t 遵循具有恒定波动率的无漂移几何布朗运动(GBM),即

$$dF_t = \sigma F_t d\widetilde{W}_t$$

F_t 可以是远期价格、远期利率和 FX 利率. σ 是波动率,是 Black 模型中的常数. $\widetilde{W}_t$ 是一维布朗运动. 令

$$C_{BS}(F, K, T, \sigma) = P(0, T)[F\Phi(d_1) - K\Phi(d_2)],$$

$$d_1 = \frac{\ln(F/K) + \sigma^2 T/2}{\sigma\sqrt{T}}, d_2 = d_1 - \sigma\sqrt{T}$$

表示具有当前基础水平的 Black 模型下欧式看涨期权价格的 Black 公式 (Black's formula):$F \equiv F_0$①. K 为行权价格,T 为到期时间. $P(0,T)$ 为折现因子,可以是期限为 T 的零息债券价格. $\Phi(\cdot)$ 为累积正态分布函数.

Black 公式不仅仅是定价公式. 此外,通过 Black 公式计算出的希腊字母 (Greeks) 可以帮助我们管理投资组合中的风险. 以 *delta* 风险管理为例,当投资者知道风险伴随着标的资产的变动,他可以维持 *delta* 中性投资组合:

$$Delta = \frac{\partial C_{BS}}{\partial F}.$$

如果投资者做空一个看涨期权,那么他应该做多"Delta"份标的股票,以对冲伴随标的变动而来的风险. 因此,投资者持有的投资组合价值为:

$$Delta \cdot F - C_{BS}(F,K,T,\sigma).$$

如果标的有一个小的变化:$F \to F+\varepsilon$,那么投资组合价值的变化是

$$\left(Delta - \frac{\partial C_{BS}}{\partial F}\right) \cdot (F+\varepsilon-F) \approx 0.$$

因此,通过 delta 风险管理,投资者可以对冲与标的的较小变化相关的风险.

期权的市场价格在 Black 公式中隐含了波动率. 这是因为 Black 公式中期权价格与波动率之间的一对一关系. 我们可以解出这个方程

$$Market\ price\ of\ the\ call = C_{BS}(F,K,T,\sigma_B)$$

由此得到波动率 σ_B,这是期权的市场价格隐含的. σ_B 被称为隐含波动率 (implied volatility). 因此,如果我们知道其他参数的值,波动率可以被认为是期权价格的度量. 市场上的期权价格通常用隐含波动率(implied volatility)

---

① 本章中,我们使用 F 来表示 Black 公式和稳含波动率公式中的标的资产的初始价值 F_0.

来表示.

　　在 Black 模型中,较大范围的执行价格、不同期限的期权具有相同的波动率(volatilities). 人们意识到,波动率为常数的假设在实践中并不成立,特别是在 1987 年 10 月的市场崩盘之后. 包括 Rubinstein (1994),Jackwerth & Rubistein(1996),Bates(2000)的实证研究表明隐含波动率(implied volatility)表现出图 1-1 中的模式. 在股票和利率市场中,隐含波动率随着执行价格的上升而下降,这种形状的隐含波动率被称为波动率倾斜(volatility skew). 在外汇市场上,平价期权(near-the-money)的隐含波动率相对较低,并且实值期权(in-the-money)和虚值期权(out-of-the-money)在方向上都倾向于上升,交易者将这种 U 形称为波动率微笑(volatility smile). 关于波动率微笑的更多细节,可以参考 Hull(2010)第 18 章的内容. 这样的模式使得 Black 模型不再适合定价和套期保值. 对 Black 模型的改进是必要的.

　　Dupir(1994)提出了突破性的局部波动率模型(local volatility models)来解释波动率微笑和波动率倾斜现象,并更好地管理相应的风险. 局部波动率模型遵循一维扩散过程:

$$dF_t = Loc(F_t)F_t d\,\widetilde{W}_t,$$

其中 F_t 和 $\widetilde{W}_t$ 分别为远期价格过程和驱动布朗运动,$Loc(F)$ 为局部波动率函数. 原始的局部波动率模型假设局部波动率函数是时间和当前标的水平的确定性函数. 为方便起见,我们只考虑依赖于时间的局部波动率函数. 发展局部波动率模型的关键是观察或理解风险中性密度是由不同执行价格的欧式期权的市场价格隐含的. 请注意,Derman & Kani(1994)开发了类似的模型,但与 Dupire 的连续时间版本相比,他们采用了二项树版本.

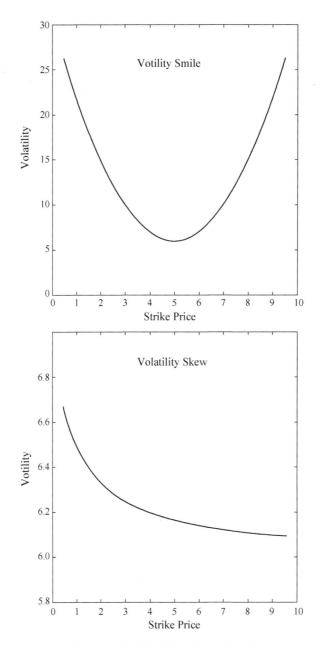

图 1-1　波动率微笑 & 波动率倾斜

　　局部波动率模型成功拟合了市场微笑和倾斜. 不幸的是,无论局部波动率模型多么完美地拟合市场,都会导致不稳定的对冲.

　　令

$$\sigma_{loc}(K,F)=Loc\left(\frac{F+K}{2}\right)\left\{1+\frac{1}{24}\frac{Loc''\left(\frac{F+k}{2}\right)}{Loc\left(\frac{F+K}{2}\right)}(F-K)^2+\cdots\right\}$$

表示由局部波动率模型隐含的波动率. 这个等式意味着隐含波动率 $\sigma_{loc}(K,F)$ 在局部波动率模型下已在 Hagan & Woodward(1999)中明确计算出来. 那么,欧式看涨期权在局部波动率模型下的价格可以通过 Black 公式表示出来:

$$C_{BS}(F,K,T,\sigma_{loc}(K,F))$$

注意,在隐含波动率公式 $\sigma_{loc}(K,F)$ 中,第一项占主导地位. 当远期价格 F 增加时,局部波动率模型预测的微笑曲线 $\sigma_{loc}(K,F)$ 向左移动,而 Hagan et al.(2002),Mercurio & Morini(2008)的研究告诉我们,当远期价格 F 增加时,隐含波动率向右移动. 局部波动率模型预测,市场微笑/倾斜与标的资产价格的移动方向相反(opposite direction). 因此,对套期保值表现的影响将是不准确的,而且往往是不稳定的(inaccurate and often unstable). 我们仍然以 delta 对冲为例. 局部波动率模型预测的 delta 如下:

$$Delta=\frac{\partial C_{BS}(F,K,T,\sigma_{loc}(K,F))}{\partial F}=\frac{\partial C_{BS}}{\partial F}+\frac{\partial C_{BS}}{\partial \sigma_{loc}}\underbrace{\frac{\partial \sigma_{loc}(K,F)}{\partial F}}.$$

第一项为 Black's delta. 第二项是由修正局部波动率模型的函数构成,它包括 Black 的 vega 风险乘以预测的波动率的变化以及标的变化. 下支撑项的符号与市场实践相反,这将导致不稳定的 delta 对冲,甚至比最初的 Black

模型还要糟糕!

  SABR 模型(Stochastic-Alpha-Beta-Rho)由 Hagan et al. (2002)提出,以克服局部波动率模型和 Black 模型的缺点. 具体而言,SABR 模型由二维随机微分方程(SDEs)描述,分别考虑了远期价格及其波动率的演变. 远期价格 F_t 遵循恒定方差弹性(CEV)型扩散,再加上由 GBM 支配的波动率过程 A_t. SABR 模型满足下列方程组:

$$\begin{cases} dF_t = A_t F_t^\beta d\,\widetilde{W}_t \\ dA_t = \nu A_t dW_t \\ d<W_t, \widetilde{W}_t \geqslant \rho dt \end{cases}$$

其中,$\widetilde{W}_t$ 和 W_t 是两个相关系数为 ρ 的相关布朗运动. ν 是一个常数,表示波动率的波动率(vol-of-vol). 有关 SABR 模型动态的更严格的说明,请见第二章第一节.

  SABR 的名称来自以下事实:"stochastic"是指它是一个随机波动模型,"alpha"是初始波动率 $A_0 \equiv \alpha$,"beta"是 CEV 分量的指数,因为它假设标的资产是一个随机 CEV 模型,"rho"是标的资产与波动率过程之间的相关性. 自诞生之日起,它就成为利率和外汇市场上的一种支架建模工具.

  SABR 模式有很多优点. 首先,与局部波动率模型的情况类似,在 SABR 模型下,隐含波动率有一个显式渐近公式 $\sigma_{sabr}(K, F)$. Hagan et al. (2002)给出了 $\sigma_{sabr}(K, F)$ 的封闭形式公式,具有固定的到期时间(见 Hagan et al. (2002)公式 2.17 和 3.1)如下[①]:

---

  ① 这是 Hagan et al. (2002)中的公式 3.1,用于分析 SABR 模型的定性行为. 公式 2.17 必须用于定价与对冲的目的.

$$\sigma_{sabr}(K,F) = \frac{\alpha}{F^{1-\beta}} \left\{ 1 - \frac{1}{2}(1-\beta-\rho\lambda)\ln\left(\frac{K}{F}\right) \right.$$

$$\left. + \frac{1}{12}((1-\beta)^2 + (2-3\rho^2)\lambda^2)\ln^2\left(\frac{K}{F}\right) \right\},$$

其中 α,β,ρ 和 ν 如我们之前解释过的,$\lambda = \frac{\nu}{\alpha}F^{1-\beta}$. 简单地将隐含波动率公式代入 Black 公式,我们可以得到 SABR 模型下欧式看涨期权的价格:

$$C_{BS}(F,K,T,\sigma_{sabr}(K,F)).$$

这个公式将导致欧式期权快速准确的定价和对冲.

此外,隐含波动率可以很好地适应市场微笑和倾斜. 这是因为隐含波动率公式 $\sigma_{sabr}(K,F)$ 本质上是对数期权虚实度(moneyness)的二次函数.

此外,模型参数有非常明确的解释. 初始波动率可以控制整体隐含波动率曲线的高度. 初始波动率的增加会导致曲线几乎平行向上移动. 相关系数可以控制曲线的偏度,因为它出现在一阶项的系数中. 一旦相关系数变得更小,曲线的斜率就会变得更小,曲率也会小幅度减小. 指数 beta 对微笑的影响与相关系数类似. beta 的值在 0 到 1 之间变化. 有两种特殊情况,$\beta=1$ 和 $\beta=0$ 分别表示随机对数正态和正态市场. vol-of-vol 可以控制微笑度,因为它出现在二阶项的系数中. 由 vol-of-vol 的变化引起的微笑的变化是不对称的,这是由于 beta 和相关系数对曲率的二次影响. Hagan et al. (2002)和 Rebonato et al. (2011)(第三章)提供了更详细的分析,包括对参数的解释,对微笑的共同影响,以及它们之间的联系.

最后也是最重要的一点是,它可以比 Black 模型和局部波动率模型带来更好的对冲. SABR 模型中的 delta 由下式给出:

$$Delta = \frac{\partial C_{BS}(F,K,T,\sigma_{sabr}(K,F))}{\partial F} = \frac{\partial C_{BS}}{\partial F} + \frac{\partial C_{BS}}{\partial \sigma_{sabr}} \underbrace{\frac{\partial \sigma_{sabr}(K,F)}{\partial F}}$$

与局部波动率模型相比,修正项,尤其是下支撑项与市场实践相一致. 这表示微笑曲线 $\sigma_{sabr}(K,F)$ 与远期价格 F 沿同一方向移动,它可以捕捉到标的与其微笑曲线之间的正确共动. 关于这一点的更多细节请参考 Hagan et al.(2002)和 Mercurio & Morini(2008).

在随后的章节中,我们将给出详细的文献综述,包括方法和结果.

三、文献综述

正如我们在前一节提到的,波动微笑现象无论是在学术研究还是在产业实践中都引起了很多关注. 随机波动率模型成为解释微笑的标准建模工具,因为它们能够以自洽的方式进行解释. 它们可以被视为源于随时间变化的布朗运动,这是 Clark (1973)首次引入金融经济学的. 随机时间时钟(random time clock)指的是交易时间;波动率随交易活动波动.

除了 SABR 模型外,人们还提出了许多其他的随机波动模型来拟合微笑和管理微笑风险. 例如,Hull & White(1987,1988),Scott(1987),Wiggins(1987),Johnson & Shanno(1987),Stein & Stein(1991),Heston (1993),Duffie,Pan & Singleton(2000),Fouque,Papanicolaou & Sircar (2000),Barndorff-Nielsen & Shephard(2001)等. 这些模型也能够捕捉到微笑. Bakshi,Cao & Chen(2004)使用 S&P 500 指数期权数据检验了包括大多数随机波动率模型但不包括 SABR 模型的替代期权定价模型的实证表现. 在比较了隐含波动率、样本外定价和套期保值效果的内部一致性

后,他们得出结论,随机波动率确实能产生更好的绩效.

　　显然,应该使用不同的模型来管理来自不同领域例如股票、FX 和利率市场的衍生品风险. 这是因为不同市场的微笑/倾斜的是源自不同的经济影响. 一旦我们专注于 FX 和利率市场,SABR 模型就成为一种流行的模型. 与其他随机波动模型相比,SABR 模型的计算成本更小. 封闭式隐含波动率公式可实现快速准确的校准、定价和对冲. 此外,SABR 模型比其他一维模型更能准确预测微笑动态和标的运动. 这些方面帮助 SABR 模型得以在行业内普及.

　　尽管 SABR 模型具有各种吸引人的特征,但正如我们在上一节所描述的,SABR 模型本身复杂的结构是阻碍我们获得封闭形式解的障碍来源. 波动率过程与远期价格之间的相关性使其成为一个非平凡的随机波动率模型. 与低阶波动率模型等一维模型相比,增加的维度给我们的分析带来了本质上的困难. 此外,CEV 型扩散中波动率函数的非线性形式也使我们无法获得期权定价问题的精确解,无论是普通的还是外来的. 因此,所有的困难都在促使人们寻求替代方案. 模型中固有的小量,包括较小的到期时间或较小的总 vol-of-vol,使得渐近方法是攻击 SABR 模型的合适工具.

　　处理 SABR 随机波动模型的方法主要有三种:奇异摄动(singular perturbation),热核展开(heat kernel expansion),概率(Malliavin 演算)方法(Malliavin calculus approach). 对于奇异摄动方法,Hagan ct al. (2002)首先将其应用于 SABR 模型分析,得到隐含波动率公式;然后将隐含波动率公式代入 Black 公式,将得到欧式期权的准确值. 这里的关键是,小的总量(small quantity-total) vol-of-vol 可以起到摄动参数的作用. 随后,Wu (2012)本着同样的小总量 vol-of-vol 的精神,给出了具有自由边界条件的 SABR 模型的渐近联合转移密度. Doust(2012)进一步将密度分成两部分,部分考虑了吸收边界,得到了转移密度. 值得一提的是,Fouque,Papanicolaou & Sircar(200,2000b)以及 Fouque et al. (2004)开发了包含波动聚类现象的快速均值回归随机波动模型. 他们的定价和套期保值方法广泛依赖于奇异摄动. Ilhan,Jonsson & Sircar(2004)利用这种方法对包括障碍期权在内的路径依赖期权进行了定价. Berestycki,Busca & Florent(2004)在包含 SABR 模型的两因子水平依赖随机波动率模型下得到隐含波动率公式. 更重要的是,他们建立了隐含波动率的唯一性.

对于热核展开方法,Henry-Labordére(2005)为任意随机波动率模型导出了一阶的一般渐近隐含波动率. 具体来说,他将结果应用于 λ-SABR 模型,得到了一个渐近微笑. λ-SABR 模型是对波动率项进行均值回归修正的 SABR 模型的变体. Hagan,Lesniewski & Woodward(2005)利用几何方法得到了远期概率分布的高效准确的渐近公式. Bourgade & Croissant (2005)研究了一系列与 Henry-Labordére(2005)相似的随机波动过程. 他们也通过使用热核展开得到了类似的结果. Paulot(2009)仍然通过使用热核展开提供了一种计算随机波动率模型隐含波动率在时间上的泰勒展开式的一般方法. 作为应用,他解析了 SABR 模型的一阶渐近隐含波动率公式. 二阶可以通过一些数值过程得到.

对于概率方法,Osajima(2007)给出了时间相关 SABR 模型的渐近隐含波动率公式. 他基于 Malliavin 微积分中的无限维分析和大偏差推导出了结果. Islah(2009)得到了不存在相关性时 SABR 模型的准确分布. Kennedy,Mitra & Pham(2012)推导了 SABR 模型的三种特殊版本的概率近似:正态,对数正态和位移扩散版本. 他们通过捕获底层过程的终端分布得出隐含波动率. Benhamou,Gobet & Miri(2010)通过小 vol-of-vol 展开和 Malliavin 演算技术,推导出了时间依赖 Heston 模型下普通期权的封闭形式定价公式. Takahashi & Yamada(2012)进一步应用 Malliavin 微积分中的分部积分公式,推导出对数正态随机波动率模型中的期权价格和隐含波动率以及标的资产价格的边际密度.

四、研究动机

Hagan et al. (2002)的原始渐近隐含波动率公式和随后的修正是定价和对冲的有用工具. 2008 年金融危机之后,零利率下界很长一段时间内在很多国家成为常态. 在 SABR 模型中,零利率下界对随机波动率的影响至关重要,Hagan 等人的原始公式不再适用. 由于标的资产价格可能以正概率触及零点,零利率下界会引发套利机会. 为了避免这种情况,通常在零点设置吸收边界,确保一旦价格达到零,它将不会返回正值区间. 这一边界条件不仅影响标的资产的价格分布,还对期权定价和隐含波动率曲线产生影响. 在低利率或接近零的环境中,SABR 模型中的波动率行为更加复杂,必须对模型进行调整或引入修正,以确保其能合理反映市场实际状况,避免定价误差和套利可能.

此外,正如我们在第一节中提到的那样,有一些具有异域特征的产品在市场上活跃交易. 例如,远期生效(forward starting)类型的上限和下限在市场上进行流动性交易. 远期起始期权是一种合约,在未来某个指定的日期开始,在未来更远的地方到期. 执行价格是开始日期的远期汇率. 如图 1-2 所示,取决于在远期起始时间的远期利率的中间状态.

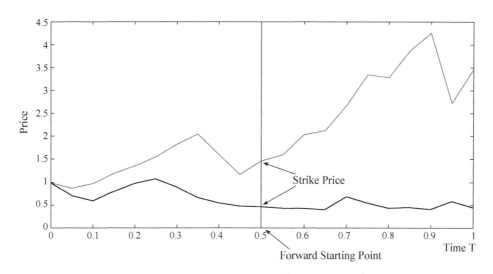

图 1 - 2   远期生效期权的图解

注:竖直线是确定执行价格的时间,灰线和黑线是不同的远期价格路径.

另一个例子是汇率的向下敲出障碍期权(down and out barrier option). 向下敲出障碍期权是一种奇异期权,一旦汇率触及预设的较低障碍,合约就会终止. 图 1 - 3 所示的障碍期权的支付函数取决于合约生命周期内的整个中间体状态.

我们需要知道远期利率和波动率的未来水平,甚至在持续监测的障碍期权情况下的整个未来水平,以便定价和对冲这些奇异工具. 市场期望有简单的公式或工具来有效地管理远期外汇的风险. 幸运的是,我们已经找到了有效解决这两个问题的方法. 联合转移密度(joint transition density) $p(T-t, F_t, F_T)$ 为我们提供了处理未来波动率水平依赖性的有力工具. 远期生效期权的价格可以通过下面的积分来计算:

$$\int_0^{+\infty} \int_0^{+\infty} (F_T - K)^+ \, p(t, F_0, F_t) \, p(T-t, F_t, F_T) dF_t dF_T.$$

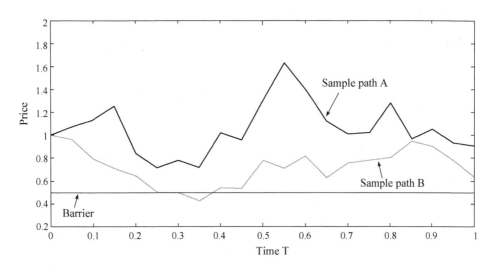

图 1 - 3 连续监控的障碍期权示意图

注:红线为敲出屏障. 其他是触及或未触及障碍的不同远期价格路径.

因此,对冲参数可以通过互换积分和微分的顺序来计算. 在第二章中,我们通过概率展开给出了联合转移密度的近似. 生存密度 $p(T-t, F_t, F_T \mid \min_{s \in [0,T]} F_s > Barrier)$,它是以所有路径都在障碍之上为条件的过渡密度,也为我们提供了这样一种工具. 下面的积分将给出执行价格为 K 的看涨期权的价格:

$$\int_0^{+\infty} (F_T - K)^+ \, p(T, F_0, F_T \mid \min_{t \in [0,T]} F_t > Barrier) dF_T.$$

因此,我们可以通过积分有效地对障碍期权进行定价和对冲. 在第三章中,我们通过奇异摄动方法给出了生存密度的渐近公式.

联合转移密度的重要性并不局限于上述情况. 跨多个期限的标准欧式看涨或看跌期权的校准结果暗示了模型状态变量的未来水平,包括波动率水平. 与当前期权市场价格相一致的未来波动率水平称为远期隐含波动率或远期波动率. 联合密度可以帮助我们预测远期波动率. Glasserman & Wu(2011)利用 SABR 模型的联合密度,证实了不同期限期权的市场价格确实包含与预测未来期权价格相关的信息. 远期波动率也有经常使用的无模型度量. 可以参考 Della Corte,Sarno & Tsiakas(2011)了解更多细节和其中的参考文献.

此外,尽管已有 SABR 模型的标定方法,但联合密度在极大似然估计及相关变更方案中也起着重要作用. Rebonato,Mckay & White(2011)在假设似然函数是几何布朗运动的转移密度的情况下进行了最大似然估计. 这种不恰当的似然函数导致他们的估计较差. 我们的近似联合密度提供了一个渐近的似然函数. 它可以帮助我们从观察到的市场数据中重建潜在波动率. 另外值得一提的是,Ait-sahalia & Kimmel(2007)已经对对数正态随机波动模型进行了极大似然估计. 他们从股票和期权价格的联合时间序列中提取潜在波动率的信息. 在他们的文章中,似然函数是基于这些对数正态随机波动模型的近似转移密度(见 Ait-sahalia,2008).

五、本书的主要内容

本书的后四章系统地探讨了 SABR 模型下无套利期权定价问题,尤其是在资产价格的零下界对模型影响的背景下. 首先通过解析近似给出了资产价格的生存概率. 其次提出了该模型下无套利期权价格的闭合近似公式. 随后,通过引入 NFB 原理(Not feeling the boundary,无边界感知原理)

解释了原有定价公式的准确性. 最后,给出了有零下界时 SABR 模型的联合转移密度的解析近似公式,进而用来确定路径依赖期权的价格.

第二章讨论了 SABR 模型下生存概率的渐近分布和应用. 本章详细介绍了 SABR 模型的基本结构及其在利率和外汇市场中的应用. SABR 模型是一种局部随机波动率模型,标的资产价格遵循恒定弹性方差(CEV)扩散过程,波动率则由几何布朗运动驱动. 由于标的价格可能以正概率触及零点,这将引发套利机会,因此有必要为模型设定零点的吸收边界条件,确保标的价格一旦触及零点后不会回到正值区间,从而避免套利行为.

此外,本章讨论了如何在 SABR 模型中设定无套利条件,以及边界条件对期权定价的影响. 零吸收边界不仅能避免套利,还可以保证定价模型的一致性和合理性. 因此,在实际应用中,必须精确地处理这一边界问题,确保定价模型能够反映市场实际情况.

第三章讨论了 SABR 模型下的近似无套利期权定价. 本章推导出了 SABR 模型下无套利期权定价的闭合近似公式. 为此,采用了基于 Bessel 过程的展开和摄动方法来处理 SABR 模型中的复杂性,如波动率的波动率(vol-of-vol)以及标的价格与波动率的相关性. 这一方法能够有效应对资产价格具有的零下界问题,从而提高期权定价的精度. 尤其是在考虑市场波动率动态变化时,该近似公式表现出了良好的计算效果. 相比于传统的 SABR 模型定价方法,本章提出的公式不仅可以有效提升定价的准确性,还具有实际应用中的快速校准和定价能力. 该方法减少了数值计算中的误差,尤其在高波动市场条件下仍然能够保持稳定的表现,适合短期和长期期权定价应用.

第四章讨论了 SABR 模型中的 NFB 原理. 本章引入了 NFB 原理,专门分析了 SABR 模型在零点吸收边界附近的行为. 通过该原理,证明了标的资产价格触及零点的概率在短期内呈指数衰减, 这意味着在短期期权定价时, 边界条件对价格的影响可以忽略不计. 该结果表明, 在短期内, 即便忽略了边界条件, SABR 模型下原始的定价方法仍然可以保持高精度.

NFB 原理通过严谨的数学推导, 为当前许多 SABR 模型的近似定价算法提供了理论基础. 它解释了为什么在实际应用中, 忽略边界条件的定价方法能够在短期内提供准确的结果. 该原理的提出不仅丰富了 SABR 模型的理论框架, 也为后续的近似算法提供了更加合理的理论支持.

第五章提出了一种概率方法来分析 SABR 模型, 并在假设原点为吸收边界的情况下推导出渐近联合转移密度. 由于标的过程的 CEV 型扩散, 标的资产以正概率触及零点, 因此必须在零点施加吸收边界以满足无套利的要求. 如果反射边界不合适, 将允许在标的价格为零时买入资产, 并在其回到正值时卖出, 导致产生套利机会. 原有的研究没有假设原点为吸收边界, 这可能会引发套利风险. 我们通过引入 NFB 原理来考虑吸收边界, 排除了套利机会. 基于这一原理, 我们使用时变 Bessel 过程近似 SABR 模型, 并结合几何布朗运动的波动率过程和较低的总波动率, 利用随机泰勒展开推导出联合密度的渐近解. 本章还通过不同市场环境、波动率和参数设置下的大量数值实验, 证明了该 SABR 模型的渐近联合密度优于现有方法, 包括 Hagan, Lesniewski & Woodward(2005) 和 Wu(2012) 的结果.

第二章 SABR 模型的生存概率：渐近性及应用

　　Stochastic-Alpha-Beta-Rho（SABR）模型被利率和外汇市场的从业者广泛使用. 击中零的概率揭示了 SABR 模型的交割价格较小时的无套利隐含波动率（the arbitrage-free small strike implied volatility），详见 De Marco et al. [*SIAM J. Financ. Math.*，2017，8（1），709 - 737]，Gulisashvili [*Int. J. Theor. Appl. Financ.*，2015，18，1550013]，Gulisashvili et al. [Mass at zero in the uncorrelated SABR modeland implied volatility asymptotics，2016b]. 生存概率也与二元敲出期权（binary knock-out option）密切相关. 此外，生存概率的研究在数学上具有挑战性. 本章给出了 SABR 模型的生存概率和误差估计的新的渐近公式. 该公式给出了远期价格在固定时间范围之前不触及非负下界的概率.

一、引言

Hagan et al.(2002)提出了具有显式渐近隐含波动率公式的 SABR 模型. 这个模型现在已经成为外汇和利率市场的标准模型. SABR 模型是一种随机波动率模型,其标的(远期价格)遵循 CEV 型扩散过程,波动率动态过程由几何布朗运动控制. SABR 模型的流行可以归因于以下特性. 首先,它有一个渐近隐含波动率公式,注意到一个封闭形式的模型公式可以导致快速和准确的校准、定价和对冲. 其次,作为一种局部随机波动率模型,它可以预测微笑动态和标的过程的正确组合(如 Hagan et al. 2002).

SABR 模型的一个问题是,由于其具有 CEV 结构,远期价格可能以正概率击中零.[①]

在原点设置一个避免套利的吸收边界(见例如 Delbaen & Shirakawa 2002,Rebonato et al. 2009,Hagan et al. 2014,Yang et al. 2017). 然而,Hagan et al.(2002),Obłój(2008),Paulot(2015)提出的隐含波动率公式并没有考虑击中零的概率(因此,他们没有在零处指定任何边界条件),这在今

---

① 在特殊情况下,当相关系数为零时,SABR 模型确实是一个随时间变化的 CEV 过程. 因此,可以对远期价格是否能击中 0 进行分类(见 Karlin & Taylor 1981,Borodin & Salminen 2002). 此外,对于某些参数,它确实有一定的正概率击中零. 然而,对于这个非平凡的二维扩散过程,要完全地描述在何种条件下零能以正概率达到是极其困难的.

天的低利率和高波动率环境下是不可忽略的. 因此,它们的隐含波动率公式存在套利问题(它们导致较低的交割价格的概率为负,见 Hagan et al. ,2014 的图 2.3).

本章有两个与金融相关的动机. 首先,击中零的概率直接对 SABR 模型的交割价格较小时的无套利隐含波动率(arbitrage-free small strike implied volatility of the SABR model)提供了暗示(见例如 Gulisashvili 2015, Gulisashvili et al. 2016b, De Marco et al. 2017). 其次,远期价格在到期日之前击中正下界的概率,是二元敲出障碍期权(binary knock-out option)的价格(见例如 Jeanblanc et al. 2009 的第 3.6.3 节). 除上述两种金融动机外,非平凡的二维随机微分方程的生存概率研究在数学上也具有挑战性.

我们的研究涉及三方面文献. 第一,在不考虑边界条件的情况下,通过各种方法对 SABR 模型进行了研究. 例如,Hagan et al. (2002)通过奇异摄动方法推导出隐含波动率的显式公式. 在他们的近似中,首阶算子是布朗运动的无穷小算子. Hagan et al. (2002)的首阶公式由 Obłój(2008)改进而来. Osajima(2007)基于无限维分析和大偏差的 Malliavin 演算推导出动态 SABR 模型的隐含波动率. Paulot(2015)使用热核展开,提供了一种二阶隐含波动率的一般方法. 第二,在存在边界条件为零的情况下,SABR 模型下的期权定价问题也受到了广泛的关注. Hagan et al. (2015)利用 Dirichlet & Neumann 边界条件分析了远期价格与波动率过程之间零相关性的模型. 当原点被认为是一个吸收边界时,Balland & Tran(2013)分析了 Hagan et al. (2015)引入的正态 SABR 模型(其中远期价格由布朗运动驱动);Hagan et al. (2014)发展了一种有限差分方法来数值求解简化的偏微分方程 PDE;Yang et al. (2017)推导了普通看涨和看跌期权的近似定价公式. 第三,研究了不同情景下远期价格击中零的概率. Doust(2012)通过 Monte Carlo 模拟计算远期价格击中零的概率,得出无套利期权价格. 对于正态(normal)SABR 模型,Gulisashvili et al. (2016a)给出了远期价格在时间范围$[0,\infty]$内击中零的概率的解析公式. 对于不相关(uncorrelated) SABR 模型,Gulisashvili et al. (2016b)推导出当时间变得越来越小或越来越大时的几个可处理表达式,并进一步通过 Gulisashvili(2015) & De Marco et al. (2017)提供的方法将其应用于交割价格较小时的隐含波动率.

本章在两个方面对以往文献做出了贡献. 一是,给出了当远期价格在一个固定的时间范围内没有击中一个非负的下界时,SABR 模型的生存概率的一般的解析(渐近)公式和严格的误差估计. 该公式有明确的形式,可以快速计算. 对于一类较大的非平凡二维随机微分方程,很少有分析结果. 具体来说,通过取下边界为零,得到了击中零的概率公式.①据我们所知,这是在有限的时间范围内,首次推导出相关的 SABR 模型和到达正边界的解析(渐近)公式. 二是,导出的首阶算子具有一些新的特征. 如果下界是正的,则首阶算子是标准布朗运动的无穷小算子,与文献(如 Hagan et al. , 2002)相同. 然而,如果下界为零,首阶算子就是 Bessel 过程的无穷小算子. 在低利率环境下,新的首阶算子可以捕获 SABR 模型在零附近的行为,这可以部分解释原来的隐含波动率公式(Hagan et al. 2002)在零附近的错误. 此外,新的算子允许我们和 Yang et al. (2017)分别推导出击中零和无套利期权价格的概率公式.

生存概率问题可以用具有终端和边界条件的反向 Kolmogorov 偏微分

---

① 对于无限期限,Gulisashvili et al. (2016a,2016b)分别为正态 SABR 模型和不相关 SABR 模型推导了击中零的概率的精确公式. 这两个在无限时间范围内击中零的概率不能被我们的渐近公式所覆盖.

方程(PDE)的解来表示(见定理 2.2.1). 微分方程的渐近解通过以下三个步骤实现. 首先,我们执行两个坐标变换. 我们首先缩放时间和状态变量(见式(2－13)中的变换)以引入一个扰动参数——总波动率的波动率(vol-of-vol),它是 vol-of-vol 和到期时间的平方根的乘积. 然后我们执行 Lamperti 变换(见式(2－15)中的变换). 在新坐标系下,PDE 的首阶算子是一维布朗运动或 Bessel 过程的无穷小算子. 由这两种微分算子组成的初始—边界值问题可以用解析方法求解. 其次,对摄动参数展开生存概率函数. 因此,我们得到了一个只具有首阶算子的偏微分方程的层次结构. 相应的初始—边界值问题可以通过在 PDE 环境中应用"图像方法"(见例如 Jiang 2005)或在随机微积分环境中应用"反射原理"(见例如 Karatzas & Shreve 2005)递归地解决. 最后,通过显式求解这些方程并给出严格的误差估计,我们得到了渐近公式.

本章的其余部分组织如下:在第二节,我们首先介绍了 SABR 模型和生存概率问题,然后介绍了我们的主要研究成果,数值实验以及在隐含波动率中的应用;在第三节中,我们执行了两个坐标变换,将生存概率的 PDE 转化为一个新的、可以渐近求解的 PDE;在第四节,我们推导了渐近公式,并给出了不同情况下的误差估计. 技术成果的证明见附录.

二、SABR 模型及主要结果

(一) SABR 模型及边界条件

SABR 模型是一种随机局部波动率模型,其隐含价格 F 遵循 CEV 型扩散过程,波动率 A 的动态学为几何布朗运动. 在风险中性测度 $\mathbb{P}$ 下,SABR 模型定义在概率空间 $(\Omega, \mathcal{F}_1 \otimes \mathcal{F}_2, \mathbb{P})$ 中,是下列方程组的解:

$$\begin{cases} dF_t = A_t F_t^\beta \left[\sqrt{1-\rho^2} \, dW_t^{(1)} + \rho dW_t^{(2)} \right], \\ dA_t = \nu A_t dW_t^{(2)}, \end{cases} \tag{2-1}$$

其中 $\beta \in [0,1]$, $\nu > 0$, $\rho \in (-1,1)$,且初始点 F_0 和 A_0 都是正的. $\mathcal{F}_1$ 和 $\mathcal{F}_2$ 由两个独立的布朗运动 $W_t^{(i)}(i=1,2)$ 生成,即 $\mathcal{F}_i = \sigma(W_t^{(i)}, t \in [0,T])$. 参数 ν 被称为波动率的波动率(vol-of-vol),它在 Hagan et al. (2002) 获得 SABR 模型的生存概率的渐近公式以及原始的奇异摄动分析中起着重要作用.

为了确定在 SABR 模型下定价 PDE 的存在性和唯一解,我们需要为标的过程 $\{F_t; 0 \leqslant t \leqslant T\}$ 指定一个零处的边界条件,因为它能以正概率击中零. 正如 Heston et al. (2007) 指出的,PDE 定价的多重解决方案将导致泡沫或套利机会. 我们必须为原点处的 F 施加一个吸收边界条件;也就是说,

如果 F 击中 0,它就会一直保持在这里. 反射边界是不合适的,因为它会导致套利机会:当 F 击中零时,我们可以以零成本购买远期;当它反射回正区域时,我们可以以利润出售远期. 可以参考 Rebonato et al.(2009)的第 48 页或 Hagan et al.(2014)进行的详细讨论. 从现在开始,我们对模型进行如下假设:

假设 1: 0 是 $\{F_t;0 \leqslant t \leqslant T\}$ 的一个吸收边界.

在 SABR 模型下讨论定价偏微分方程解的存在性和唯一性超出了本章的讨论范围. 关于是否需要边界条件来确定退化抛物型偏微分方程(degenerate parabolic PDE)解的存在性和唯一性的更多细节,可以参考 Oleinik & Radkevich (1971)或 Radkevich(2009). 然而,Lions & Musiela (2007)与 Hobson(2010)证明了方程系统(1)在零处的吸收边界假设下允许一个弱解直到爆炸.

(二) 生存概率问题的公式

我们关注的问题是远期价格过程 F 是否在有限时间范围 T 之前低于一个给定的非负水平 B. 对于 $f > b$ 和 $a > 0$,设

$$\tau_B^t = \{s \geqslant t: F_s = B, F_t = f, A_t = a\}$$

是过程 F 第一次击中下界 B,即之后的障碍. 为了简单起见,如果 t 为零,我们省略时间指标,也就是说,我们使用 τ_B 而不是 τ_B^0. 令

$$D_0(t,f,a;B,T) := \mathbb{E}[1_{\{\tau_B^t > T\}} \mid F_t = f, A_t = a] \equiv \mathbb{P}(\tau_B^t > T \mid F_t = f, A_t = a).$$

$D_0(t,f,a) = D_0(t,f,a;B,T)$ 表示 $\{F_s;t \leqslant s \leqslant t\}$ 不跨越屏障 B 以下的

概率,即生存概率. 其次,$1-D_0(t,f,a)$ 为 $\{F_s;t\leqslant s\leqslant t\}$ 击中边界 B 的概率,命名为击中概率. 特别地,对于 $B=0$,$1-D_0(t,f,a)=\mathbb{P}(\tau_0^t\leqslant T)$ 是在 0 点从 t 时刻累积到 T 时刻的概率,因为 0 是一个吸收边界.

接下来,我们证明 $D_0(t,f,a)$ 是一个具有适当边界和终端条件的反向 Kolmogorov PDE 的解,在如下定理中证明.

定理 2.2.1:假设 $\varphi(t,f,a)$ 关于 t 一次可微,关于 f 和 a 在 $[0,T]\times[B,+\infty)\times(0,\infty)$ 内部二次可微. 此外,$\varphi(t,f,a)$ 是有界且连续到边界的,并且对于 $(t,f,a)\in[0,T)\times(B,+\infty)\times(0,\infty)$,$\varphi(t,f,a)$ 满足以下反向 Kolmogorov 方程的边界与终端条件:

$$\begin{cases} \dfrac{\partial\varphi}{\partial t}+\dfrac{1}{2}\left[a^2 f^{2\beta}\dfrac{\partial^2\varphi}{\partial f^2}+2\rho\nu a^2 f^\beta\dfrac{\partial^2\varphi}{\partial f\partial a}+\nu^2 a^2\dfrac{\partial\varphi}{\partial a^2}\right]=0, \\ \varphi(t,B,a)=0, \\ \varphi(T,f,a)=1. \end{cases} \tag{2-2}$$

则 $\varphi(t,f,a)$ 允许如下随机表示:

$$\varphi(t,f,a)=\mathbb{E}\left[1_{\{\tau_B^t>T\}}\mid F_t=f,A_t=a\right].$$

证明:见附录 A.1.

(三) 主要结果

我们首先给出一些符号. 令 $\epsilon=\nu\sqrt{T}$,在下文中被称为总 vol-of-vol. 令 $\tau=1-\dfrac{t}{T}$,$v=\dfrac{a}{\nu}$,若 $\beta\in[0,1)$,$B\geqslant 0$,则 $u=\dfrac{f^{1-\beta}-B^{1-\beta}}{\epsilon(1-\beta)a/\nu}$,若 $\beta=1$,$B>0$,则

$$u = \frac{\ln\left(\dfrac{f}{B}\right)}{\epsilon a / \nu}. \quad ①这里的 u, v 和 \tau 是两次坐标变换后的新坐标.$$

根据不同的参数值和边界值,本章给出了(2)问题的渐近解. 这些公式和误差估计分别在定理 2.4.2,2.4.3 和 2.4.5 中得到.

(i) 若 $B > 0$ 且 $\beta \in [0,1]$,则(见定理 2.4.2)

$$D_0(t,f,a) = D^{(0)}(\tau,u) + \epsilon D^{(1)}(\tau,u,v) + \epsilon^2 D^{(2)}(\tau,u,v) + O(\epsilon^3),$$

$$(2-3)$$

其中

$$
\begin{cases}
D^{(0)}(\tau,u) = 2N(\tau,u) - 1, \\
D^{(1)}(\tau,u,v) = \rho u^2 n(\tau,u) + (-\rho - \beta B^{\beta-1} v) u [1 - N(\tau,u)], \\
D^{(2)}(\tau,u,v) = \left(a_1 \cdot \dfrac{u^5}{\tau} + a_2 \cdot u^3 + a_3 \cdot u\tau\right) n(\tau,u) + a_4 u^2 [1 - N(\tau,u)],
\end{cases}
$$

$$(2-4)$$

和

$$
\begin{cases}
a_1 = -\dfrac{1}{4}\rho^2, \\[2mm]
a_2 = \dfrac{3}{2}\rho^2 + \dfrac{1}{2}\rho\beta B^{\beta-1} v, \\[2mm]
a_3 = 1 - \dfrac{1}{4}\rho^2 - \dfrac{1}{2}\rho\beta B^{\beta-1} v - \dfrac{1}{4}\beta(\beta-2)B^{2\beta-2} v^2, \\[2mm]
a_4 = -\rho^2 - \dfrac{1}{2}\rho\beta B^{\beta-1} v - \dfrac{1}{2}\beta^2 B^{2\beta-2} v^2;
\end{cases}
$$

其中,$n(\tau,u)$ 和 $N(\tau,u)$ 分别为正态概率密度函数和其累积分布函数:

---

① 若 $\beta = 1$,则期货价格是一个对数正态过程,它总是正的. 所以不需要考虑 $\beta = 1$ 且 $B = 0$ 的情况.

$$n(\tau, u) = \frac{1}{\sqrt{2\pi\tau}} e^{-\frac{u^2}{2\tau}},$$

$$N(\tau, u) = \int_{-\infty}^{u} \frac{1}{\sqrt{2\pi\tau}} e^{-\frac{\xi^2}{2\tau}} d\xi. \qquad (2-5)$$

(ii) 若 $B \geqslant 0$ 且 $\beta = 0$,则(见定理 4.3)

$$D_0(t, f, a) = D^{(0)}(\tau, u) + \epsilon D^{(1)}(\tau, u) + \epsilon^2 D^{(2)}(\tau, u) + O(\epsilon^3), \qquad (2-6)$$

其中

$$\begin{cases} D^{(0)}(\tau, u) = 2N(\tau, u) - 1, \\ D^{(1)}(\tau, u, v) = \rho u^2 n(\tau, u) - \rho u [1 - N(\tau, u)], \\ D^{(2)}(\tau, u) = \left(-\frac{\rho^2}{4} \cdot \frac{u^5}{\tau} + \frac{3\rho^2}{2} \cdot u^3 + \left(1 - \frac{\rho^2}{4}\right) \cdot u\tau \right) n(\tau, u) \\ \qquad\qquad\quad - \rho^2 u^2 [1 - N(\tau, u)]. \end{cases} \qquad (2-7)$$

注意,当 $B > 0$ 时,$(2-3)$ 与 $(2-6)$ 一致.

(iii) 若 $B = 0$ 且 $\beta \in (0, 1)$,则(见定理 4.5)

$$D_0(t, f, a) = D^{(0)}(\tau, u) + \epsilon D^{(1)}(\tau, u) + O(\epsilon^2), \qquad (2-8)$$

其中

$$\begin{cases} D^{(0)}(\tau, u, v) = \dfrac{\gamma\left(\theta, \dfrac{u^2}{2\tau}\right)}{\Gamma(\theta)}, \\[4mm] D^{(1)}(\tau, u, v) = \displaystyle\int_0^\tau \int_0^{+\infty} K(\tau - s, u, \xi) \cdot \rho \, \frac{\xi^{2\theta-1} e^{-\frac{\xi^2}{2s}}}{\Gamma(\theta) 2^{\theta-2} s^\theta} \left(\frac{\xi^2}{2s} - \theta \right) d\xi ds, \end{cases}$$

$$(2-9)$$

且 $\theta = 1/(2(1-\beta))$. $K(\tau, u, \xi)$ 是 $(2-2\theta)$ 维 Bessel 过程的跃迁密度,由下式给出:

$$K(\tau,u,\xi)=\frac{u^{\theta}\xi^{1-\theta}}{\tau}\exp\left(-\frac{u^2+\xi^2}{2\tau}\right)I_{\theta}\left(\frac{u\xi}{\tau}\right). \qquad (2-10)$$

此外,方程 $\Gamma(\theta),\gamma(\theta,\zeta),I_{\theta}(\zeta)$ 分别是 gamma 函数,下不完全 gamma 函数,以及第一类修正 Bessel 函数:

$$\Gamma(\theta)=\int_0^{+\infty}x^{\theta-1}e^{-x}dx,$$

$$\gamma(\theta,\zeta)=\int_0^{\zeta}x^{\theta-1}e^{-x}dx,$$

$$I_{\theta}(\zeta)=\sum_{n=0}^{+\infty}\frac{(\zeta/2)^{2n+\theta}}{m!\Gamma(1+m+\theta)}. \qquad (2-11)$$

(四) 应用于交割价格较小时的隐含波动率

包括 De Marco et al. (2017) 和 Gulisashvili(2015) 在内的几位作者已经考虑了左翼上的模型无关的隐含波动率,该隐含波动率可以解释零点的质量. 令 $I_T(K)$ 为给定期限 $T>0$ 和交割价格 $K>0$ 的 Black-Scholes 隐含波动率. 对于较小的交割价格,De Marco et al. (2017) 在温和假设下推导出以下模型独立渐近隐含波动率公式:[1]

$$I_T(K)=\sqrt{\frac{2|logK|}{T}}+\frac{N^{-1}(\mathbb{P}(F_T=0))}{\sqrt{T}}+\frac{(N^{-1}(\mathbb{P}(F_T=0)))^2}{2\sqrt{2T|logK|}}$$
$$+\Phi(K)\,as\,K\downarrow0,$$

$$(2-12)$$

---

[1] 更多细节请参考 De Marco et al. (2017)定理 1.1 中的条件. 假设存在 $\epsilon>0$,当 K 趋于 0 时,使得 $\mathbb{P}(F_T\leqslant K)-\mathbb{P}(F_T=0)=O(\epsilon)$.

其中，$\mathbb{P}(F_T=0)$ 是在原点处的质量. N^{-1} 是在（2-5）中定义的标准 Gaussian 累积分布函数 $N(1,u)$ 的逆. $\Phi:(-\infty,0)\to\mathbb{R}$ 是满足 $\limsup_{K\downarrow 0} \sqrt{2T\lceil|logK|\rceil}\,|\Phi(K)|\leqslant 1$ 的函数.

如果我们指定原点作为 SABR 模型的吸收边界，则 F 在时间 T 之前首次击中零的概率 $\mathbb{P}(\tau_0\leqslant T)$ 就等于零处的质量到时间 T 的累积，即 $\mathbb{P}(F_T=0)=\mathbb{P}(\tau_0\leqslant T)=1-\mathbb{P}(\tau_0>T)$. 幸运的是，我们在公式（2-6）和（2-8）中对不同水平的 β 给出了 $\mathbb{P}(\tau_0>T)$ 的渐近公式. 这些公式可以非常快速地计算，没有任何困难. 最后，我们可以将公式（2-6）或（2-8）代入公式（2-12），得到 SABR 模型左翼的隐含波动率. 这个隐含波动率是无套利的，因为公式（2-12）的构建已经考虑了零点的质量. 值得注意的是，Gulisashvili et al.（2016b）使用相同的方法研究了不相关 SABR 模型的交割价格较小时的隐含波动率.

在随后的数值实验中，利用本章中给出的击中概率公式，特别是（2-6）和（2-8），以及（2-12）给出的模型独立隐含波动率公式，我们计算了交割价格较小时的隐含波动率. 与 Monte Carlo 模拟得到的基准隐含波动率相比，本方法的性能优于 Hagan et al.（2002）的公式（见图 A1）. 我们还检验了公式（2-6）和（2-8）中击中概率的准确性.

（五）数值实验

在本节中，我们首先说明了我们的显式公式（2-3）、（2-6）、（2-8）的数值结果与通过 Euler 离散化和有限差分法进行 Monte Carlo 模拟的结果是相当的. 我们的公式可以很快地求值，没有任何困难. 其次，我们给出了一个数值例子，其中我们的方法生成的隐含波动率比 Hagan et al. (2002) 的公式生成的隐含波动率性能要好得多.①

对于 Monte Carlo 模拟，为了监测 $F=B$ 处的吸收边界，整节的模拟样本为 1 000 000 个，时间步长为 2 520/年. 对于有限差分法，我们采用 In't Hout & Foulon(2010)提出的 Alternative Direction Implicit(ADI)算法对 PDE(2)进行数值求解. 对于远期变量 F 的坐标，我们设置上下边界分别为 B 和 $5 \times F_0$；对于沿波动率 A 的坐标，我们设置上下边界分别为 0 和 2. F 方向节点数 400 个，A 方向节点数 200 个. 时间步长是 10 000. 此外，我们遵循 In't Hout & Foulon(2010)的方法，在临近 $F=B$ 和 $A=0$ 的节点采用了更高密度的非均匀坐标.

所有数值实验的代码都是用 Matlab R2009a 编写的，运行在配置为 Intel(R)Core(TM)2 Quad CPUQ9400@2.66GHZ 的台式机上.

从本章附录的表 A1 到表 A3，我们测试了渐近公式(2-3)的准确性. 每个表的第一行"B"是下界的不同水平. 第二行"FPT"，第三行"MC"和第四行"FD"是远期价格未击中指定屏障的概率（即 $\mathbb{P}(\tau_B>T)$）. 它们分别由公式(2-3)、Monte Carlo 模拟和有限差分法计算得到. 可以看出公式(2-3)得到的概率与 Monte Carlo 模拟和有限差分法得到的概率非常接近.

表 A4 与表 A1 - A3 相同，但有两个例外. 首先，第二行"FPT"由式(2-6)计算得到. 其次，零（即 $B=0$）是第一行和第二列的下界，因此它意味着没有击中零的概率（即 $\mathbb{P}(\tau_0>T)$）. 与表 A1 - A4 类似，表 A5 给出了

---

① 由于零点处的奇异性，有限差分方案的稳定性和 Monte Carlo 模拟在零点附近的收敛性尚不具备. 对这些数值算法的收敛性的深入分析超出了本章的范围. 然而，为了计算击中零的概率，我们使用这两种方法来产生参考值. 数值实验表明，该公式的性能与两种数值方法相当.

远期价格没有击中零的概率,由公式(2 - 8)计算得到,由公式(2 - 6)和 (2 - 8)得到的概率也与 Monte Carlo 模拟和有限差分法得到的概率相当.

第 55 页图 2 - 1 绘制了交割价格的隐含波动率. 对于较小的交割价格,我们将 Hagan et al. (2002)公式产生的隐含波动率(点虚线)、Monte Carlo 模拟(实线)以及公式(2 - 8)产生的隐含波动率(短划线)与公式 (2 - 12)的击中概率进行比较. 我们可以看到 Hagan et al. (2002)的结果与作为基准的 Monte Carlo 模拟有很大的偏差. 幸运的是,在这种情况下,我们基于击中概率的结果导致了似是而非的隐含波动率.

三、生存概率问题分析

本节分析了 SABR 模型的生存概率问题. 具体地说,经过两次坐标变换后,我们发现在与初始值和边界值条件相关的新坐标下(即初始-边界值问题),PDE 的首阶算子是可以解析求解的. 这种特殊的初始-边界值问题的可解性被称为 SABR 模型的固有对称性(the inherent symmetry property of the SABR model). 显式渐近解的推导请见第 4 节.

为了渐近地解决 SABR 模型的问题(2),我们需要检验 SABR 模型是否具有对称性. 就像布朗运动的反射原理一样,对称性允许我们为初始(终端)边界值问题提供一个解决方案(见 Shreve(2004)的 3.7 节或 Karatzas & Shreve (1991)的 2.8 节). 经过两次坐标变换,我们发现了 SABR 模型的固有对称性. 具体来说,我们首先引入扰动参数 $\epsilon \equiv \nu \sqrt{T}$,即总 vol-of-vol,通过在原始坐标下对变量进行缩放. 然后通过 Lamperti 变换发现对称性,见公式(2-15).

此外,在这些转换之后,有两种类型的首阶算子(即取$\epsilon=0$). 如果 $B>0$ 或 $\beta=0$,则它是标准布朗运动的无穷小算子. 如果 $B=0$ 且 $0<\beta<1$,则它是 Bessel 过程的无穷小算子. 首阶算子与早期论文(如 Hagan et al. 2002,Henry-Labordère 2005)本质上不同,因为它们没有遇到 Bessel 过程的无穷小算子. 两个首阶算子都具有完全对称(见,例如 Shreve 2004, Linetsky 2007),这意味着与它们中的任何一个相关的初始—边界值问题是可解的. 为了找到渐近解,我们可以展开关于总 vol-of-vol 的生存概率函数. 因此,我们得到 PDEs 的层次结构,它可以递归地求解. 最后,生存概率的显式渐近公式可以被导出.

(一) 坐标变换 I:缩放

现在我们重新调节变量,包括波动率和时间. 这一步继承了 Hagan et al. (2002)的小 vol-of-vol 展开的精神. 原始变量按如下方式缩放:

$$\tau=\frac{T-t}{T}, f=f, g=\frac{a}{\nu}, \qquad (2-13)$$

其中 f 是不变的. 在新坐标(2-13)下定义一个新函数 $D_1(\tau,f,g)$:

$$D_1(\tau,f,g):=D_0(t,f,a)=D_0(T(1-\tau),f,\nu g).$$

显然,函数 $D_0(t,f,a)$ 和 $D_1(\tau,f,g)$ 的导数有如下关系:

$$\frac{\partial D_0}{\partial t}=\frac{\partial D_1}{\partial \tau}\cdot\left(-\frac{1}{T}\right), \frac{\partial D_0}{\partial a}=\frac{\partial D_1}{\partial g}\cdot\frac{1}{\nu},$$

$$\frac{\partial^2 D_0}{\partial a^2} = \frac{\partial^2 D_1}{\partial a^2} \cdot \frac{1}{\nu^2}, \frac{\partial^2 D_0}{\partial f \partial a} = \frac{\partial^2 D_1}{\partial f \partial a} \cdot \frac{1}{\nu}.$$

回顾 $\epsilon^2 = \nu^2 T$ 和关于 $D_0(t,f,a)$ 的等式 $(2-2)$，在坐标 (f,g) 下的值函数 $D_1(\tau,f,g)$ 满足：

$$\begin{cases} \dfrac{\partial D_1}{\partial \tau} = \dfrac{\epsilon^2}{2} \left[g^2 f^{2\beta} \dfrac{\partial^2 D_1}{\partial f^2} + 2\rho g^2 f^\beta \dfrac{\partial^2 D_1}{\partial f \partial g} + g^2 \dfrac{\partial^2 D_1}{\partial g^2} \right], \\ for \tau \in (0,1], f > B \\ D_1(\tau,B,g) = 0, \\ D_1(0,f,g) = 1. \end{cases} \qquad (2-14)$$

（二）坐标变换Ⅱ: Lamperti 变换

Lamperti 变换是将一维扩散的波动率转化为单位的一种标准方法，所以一维扩散具有一定的对称性. 因此，如果我们忽略了波动率是由另一个随机微分方程控制的，执行 Lamperti 变换是一个自然的选择. 新的坐标 (u,v) 定义如下：

$$v = g; u = \int_B^f \frac{dx}{\epsilon x^\beta g} = \begin{cases} \dfrac{f^{1-\beta} - B^{1-\beta}}{\epsilon(1-\beta)g}, & \beta \in [0,1), B \geqslant 0, \\ \dfrac{\ln(f/B)}{\epsilon g}, & \beta = 1, B > 0. \end{cases} \qquad (2-15)$$

这个坐标变换 $(2-15)$ 称为 Lamperti 变换. 与 Hagan et al. (2002) 相比，一个巨大的差异在于我们从障碍 B 开始积分. 这种差异保证了相对于总 vol-of-vol 的扩展可以进行. 一方面，在 $(2-15)$ 中选择的积分下限允许我们保持边界固定，即吸收边界在新坐标下仍然是常数（零）. 如果坐标变换后的边界取决于状态变量而不是从 B 到 0 的映射,则很难解决问题,因为边界约束现在是某个未知曲线.另一方面,函数 $D_1(\tau,f,g)$ 的值在障碍 B 附近迅速变化.新的坐标 u 已经被拉伸,因为原始坐标 f 被除以了屏障附近的总 vol-of-vol.

令 $D(\tau,u,v)$ 表示在新坐标 (u,v) 下的 $D_1(\tau,f,g)$:

$$D(\tau,u,v):=D_1(\tau,f,g)=D_1\left(\tau,(\epsilon(1-\beta)uv+B^{1-\beta})^{1/(1-\beta)},v\right).$$

根据(2-15),不同坐标下的导数有如下关系:

$$\begin{cases} \dfrac{\partial u}{\partial f}=\dfrac{1}{\epsilon f^{\beta}g}, \\[2mm] \dfrac{\partial u}{\partial g}=\dfrac{-u}{g}, \\[2mm] \dfrac{\partial^2 u}{\partial f^2}=\dfrac{-\beta}{\epsilon f^{1+\beta}g}, \\[2mm] \dfrac{\partial^2 u}{\partial f\partial g}=\dfrac{-1}{\epsilon f^{\beta}g^2}, \\[2mm] \dfrac{\partial^2 u}{\partial g^2}=\dfrac{2u}{g^2}; \end{cases}$$

$$\begin{cases} \dfrac{\partial}{\partial f}=\dfrac{\partial u}{\partial f}\dfrac{\partial}{\partial u}, \\[2mm] \dfrac{\partial^2}{\partial f^2}=\left(\dfrac{\partial u}{\partial f}\right)^2\dfrac{\partial^2}{\partial u^2}+\dfrac{\partial^2 u}{\partial f^2}\dfrac{\partial}{\partial u}, \\[2mm] \dfrac{\partial}{\partial g}=\dfrac{\partial u}{\partial g}\dfrac{\partial}{\partial u}+\dfrac{\partial}{\partial v}, \\[2mm] \dfrac{\partial^2}{\partial g^2}=\left(\dfrac{\partial u}{\partial g}\right)^2\dfrac{\partial^2}{\partial u^2}+2\left(\dfrac{\partial u}{\partial g}\right)\dfrac{\partial^2}{\partial u\partial v}+\dfrac{\partial^2}{\partial v^2}+\dfrac{\partial^2 u}{\partial g^2}\dfrac{\partial}{\partial u}, \\[2mm] \dfrac{\partial^2}{\partial f\partial g}=\left(\dfrac{\partial u}{\partial f}\dfrac{\partial u}{\partial g}\right)\dfrac{\partial^2}{\partial u^2}+\left(\dfrac{\partial u}{\partial f}\right)\dfrac{\partial^2}{\partial u\partial v}+\dfrac{\partial^2 u}{\partial f\partial g}\dfrac{\partial}{\partial u}. \end{cases}$$

对于 $\tau \in (0,1]$，$u > 0$，由上述导数和 (2-14) 可得 $D(\tau,u,v)$ 的方程及其边界和初始条件，如下：

$$\begin{cases} \dfrac{\partial D(\tau,u,v)}{\partial \tau} = \mathcal{A} D(\tau,u,v), \\[2mm] D(\tau,0,v) = 0, \\[2mm] D(0,u,v) = 1, \end{cases} \tag{2-16}$$

其中微分算子 $\mathcal{A}$ 被定义为：

$$\begin{aligned} \mathcal{A} = & \frac{1}{2}(1 - 2\,\epsilon\rho u + \epsilon^2 u^2)\frac{\partial^2}{\partial u^2} - \frac{1}{2}\epsilon\beta f^{\beta-1} v \frac{\partial}{\partial u} + \frac{1}{2}\epsilon^2 v^2 \frac{\partial^2}{\partial v^2} \\ & + (\epsilon\rho - \epsilon^2 u)\left(v\frac{\partial^2}{\partial u \partial v} - \frac{\partial}{\partial u}\right). \end{aligned} \tag{2-17}$$

若 $B > 0$ 或 $\beta = 0$，取 $\epsilon = 0$，方程 (2-16) 成为标准热方程，即 $\mathcal{A}$ 的第一阶项是标准布朗运动的无穷小算子。否则，它就是 Bessel 过程的无穷小算子。对于这两种情况，我们确实发现了 SABR 模型的内在对称性！我们可以用解析方法解决首项问题，即在 (2-16) 取 $\epsilon = 0$（见如 Shreve 2004，Lesniewski 2009）。这里求解 (2-16) 的线索是，我们可以关于总 vol-of-vol 展开 $D(\tau,u,v)$。首项算子的对称性使我们能够递归地解决这个问题。下一节将根据不同的参数值提供显式解和误差估计。

（三）随机表示

我们通过提供下面的引理 2.3.1 中 (2-16) 的解的随机表示来结束本节，它被用来推导渐近解的误差估计。首先，定义一个新的过程 $\{U_t, V_t; 0 \leqslant$

t}如下,其中 0 为{U_t;0≤t}的吸收边界.

$$
\begin{cases}
dU_t = \left(-\dfrac{\epsilon\beta}{2}\dfrac{V_t}{B^{1-\beta}+\epsilon(1-\beta)U_tV_t} -\epsilon\rho+\epsilon^2 U_t \right)dt \\
\qquad + \sqrt{1-\rho^2}\,dW_t^{(1)} + (\rho-\epsilon^2 U_t)dW_t^{(2)}, \\
dV_t = \epsilon V_t dW_t^{(2)}.
\end{cases} \tag{2-18}
$$

当 $U_t=u>0$ 时,令 $\tau_U=\inf\{s\geqslant t:U_s=0\}$. τ_U 应该取决于时间 t,为简单起见我们省略它.{U_t,V_t;0≤t}在击中下边界 0 之前允许一个解. 根据 Hobson(2010)的定理 3.1,由随机微分方程(2-1)定义的(F,A)在 F 第一次击中零之前存在弱解.(U,V)可由(F,A)通过(2-13)(2-15)中给出的两次坐标变换得到. 因此,(U,V)在 U 到达下界 0 之前允许一个解.

下面的引理表明 PDE(16)的解允许随机表示.

引理 2.3.1:假设 $D(t,u,v):[0,T]\times\mathbb{R}^+\times\mathbb{R}^+\to\mathbb{R}$是 $C^{1,2}$ 类,即偏导数 $\dfrac{\partial D}{\partial t},\dfrac{\partial D}{\partial u},\dfrac{\partial D}{\partial v},\dfrac{\partial^2 D}{\partial u^2},\dfrac{\partial^2 D}{\partial u\partial v}$ 和 $\dfrac{\partial^2 D}{\partial v^2}$ 存在并在$[0,T]\times\mathbb{R}^+\times\mathbb{R}^+$内部连续. $D(t,u,v)$到边界是连续的,且满足以下具有初始和边界条件的 PDE:

$$
\begin{cases}
\left(\dfrac{\partial}{\partial t}-\mathcal{A} \right)D(t,u,v)=g(t,u,v), \\
D(t,0,v)=0, \\
D(0,u,v)=h(u,v),
\end{cases} \tag{2-19}
$$

其中 $\mathcal{A}$ 由(2-17)定义. 此外,$D(t,u,v)$和 $h(u,v)$是有界的,$g(t,u,v)$受限于$(1+v)g_1(t)$和$\int_0^T|g_1(t)|dt<\infty$. 换言之,存在一个正连续 M 使得:

$$
\sup_{(t,u,v)\in[0,T]\times\mathbb{R}^+\times\mathbb{R}^+}|D(t,u,v)|+\sup_{(u,v)\in\mathbb{R}^+\times\mathbb{R}^+}|h(u,v)|\leqslant M,
$$
$$
\sup_{(u,v)\in\mathbb{R}^+\times\mathbb{R}^+}|g(t,u,v)|\leqslant M(1+v)|g_1(t)|.
$$

则，$D(t,u,v)$ 允许如下随机表示：

$$D(t,u,v) = \mathbb{E}^{u,v}\Big[h(U_t,V_t)1_{\{t \leqslant \tau_U\}} + \int_0^{t \wedge \tau_U} g(t-\theta,U_\theta,V_\theta)d\theta \Big].$$

$$(2-20)$$

四、生存概率问题的渐近解

首阶算子的类型取决于不同的参数值，因此分别给出了在不同情况下的渐近解. 检查方程 $(2-16)$，应注意项 $\epsilon\beta f^{\beta-1}v$，这是 $\frac{\partial D}{\partial u}$ 的系数. 注意到从 $(2-15)$ 中，我们得到了 $\epsilon\beta f^{\beta-1}v$ 在坐标 (u,v) 下的表示：

$$\epsilon\beta f^{\beta-1}v = \epsilon\beta(B^{1-\beta}+\epsilon(1-\beta)uv)^{-1}v, \beta\in[0,1), B\geqslant0. \quad (2-21)$$

如果屏障 $B=0, \beta\in(0,1)$，则通过 $(2-21)$，我们得到 $\epsilon\beta f^{\beta-1}v = \beta((1-\beta)u)^{-1}$，它是非零且独立于 ϵ 的. 所以，第一项算子 $\epsilon\beta f^{\beta-1}v\frac{\partial D}{\partial u}$ 进入首阶运算符，并将首阶算子转化为 Bessel 过程的无穷小算子（见 $(2-17)$）. 若 $\beta=0, \epsilon\beta f^{\beta-1}v=0$，以及若 $B>0, \epsilon\beta f^{\beta-1}v=O(\epsilon)$，则这两个都不进入首阶算子.

综上所述，我们将在以下小节中得到三种情形的渐近解：(i) $B>0$ 且 $\beta\in[0,1]$，(ii) $B\geqslant0$ 且 $\beta=0$，(iii) $B=0$ 且 $\beta\in(0,1)$. 前两种情况下的算子是标准布朗算子的无穷小算子；而对于第三种情况，它是 Bessel 过程的无穷小算子. 此外，我们还提供了所有情况下的误差估计. 值得注意的是，最后两种情况导致的概率为零，这是对于应用到交割价格较小时的隐含波动率中是必要的.

(一) $B>0$ 且 $\beta \in [0,1]$ 的渐近解

给定一个正的障碍,回想(2-15)中 f 的定义,我们将 $f^{\beta-1}$ 改写如下:

$$f^{\beta-1} \equiv \frac{1}{B^{1-\beta}+\epsilon(1-\beta)uv} \qquad (2-22)$$

$$= B^{\beta-1}-\epsilon(1-\beta)B^{2(\beta-1)}uv+\frac{\epsilon^2(1-\beta)^2 B^{2(\beta-1)}u^2v^2}{B^{1-\beta}+\epsilon(1-\beta)uv}.$$

注意,上面的等式严格成立. 它不是一个关于 ϵ 的展开式.

将(2-22)代入(2-16)并根据它的顺序重新排列各项,等式(2-16)变为

$$\begin{cases} \mathcal{L}_0 D(\tau,u,v)=[\epsilon\mathcal{L}_1+\epsilon^2\mathcal{L}_2+\epsilon^3\mathcal{L}_3^{(\epsilon)}]D(\tau,u,v), \\ D(\tau,0,v)=0, \\ D(0,u,v)=1, \end{cases} \qquad (2-23)$$

其中

$$\begin{cases} \mathcal{L}_0=\dfrac{\partial}{\partial\tau}-\dfrac{1}{2}\dfrac{\partial^2}{\partial u^2}, \\[2mm] \mathcal{L}_1=(-\rho)u\dfrac{\partial^2}{\partial u^2}-\Big(\rho+\dfrac{1}{2}\beta B^{\beta-1}v\Big)\dfrac{\partial}{\partial u}+\rho v\dfrac{\partial^2}{\partial u\partial v}, \\[2mm] \mathcal{L}_2=\dfrac{1}{2}u^2\dfrac{\partial^2}{\partial u^2}-\dfrac{1}{2}\beta(\beta-1)B^{2(\beta-1)}v^2 u\dfrac{\partial}{\partial u}+u\dfrac{\partial}{\partial u}+\dfrac{1}{2}v^2\dfrac{\partial^2}{\partial v^2}-uv\dfrac{\partial^2}{\partial u\partial v}, \\[2mm] \mathcal{L}_3^{(\epsilon)}=-\dfrac{1}{2}\dfrac{\beta(1-\beta)^2 B^{2(\beta-1)}u^2v^3}{B^{1-\beta}+\epsilon(1-\beta)uv}\dfrac{\partial}{\partial u}. \end{cases} \qquad (2-24)$$

$\mathcal{L}_0$ 是首阶算子,它是一维布朗运动的无穷小算子,因此它是可解的. $\mathcal{L}_1$ 和 $\mathcal{L}_2$ 分别是一阶和二阶算子. 此外,仔细检查 $\mathcal{L}_3^{(\epsilon)}$ 中的项,我们发现算子 $\epsilon^3 \mathcal{L}_3^{(\epsilon)}$ 的阶为 $O(\epsilon^3)$.

形式上,我们可以将 $D(\tau, u, v)$ 关于 ϵ 展开,

$$D(\tau, u, v) = D^{(0)}(\tau, v) + \epsilon D^{(1)}(\tau, u, v) + \epsilon^2 D^{(2)}(\tau, u, v) + \mathcal{R}(\tau, u, v).$$

$$(2-25)$$

注意,对于首阶项 $D^{(0)}(\tau, v)$,它只是 u 本身的函数,与 v 无关. 这是因为首阶算子不依赖于 v. 结合 $(2-23)$ 和 $(2-25)$,我们可以通过求解以下 PDEs 层次来确定 $D^{(0)}(\tau, v)$,$D^{(1)}(\tau, u, v)$,$D^{(2)}(\tau, u, v)$.

$$\begin{cases} \mathcal{L}_0 D^{(0)} = 0, \\ D^{(0)}(\tau, 0) = 0, \\ D^{(0)}(0, u) = 1; \end{cases}$$

$$\begin{cases} \mathcal{L}_0 D^{(1)} = \mathcal{L}_1 D^{(0)}, \\ D^{(1)}(\tau, 0, v) = 0, \\ D^{(1)}(0, u, v) = 0; \end{cases}$$

$$\begin{cases} \mathcal{L}_0 D^{(2)} = \mathcal{L}_1 D^{(1)} + \mathcal{L}_2 D^{(0)}, \\ D^{(2)}(\tau, 0, v) = 0, \\ D^{(2)}(\tau, u, v) = 0. \end{cases} \quad (2-26)$$

每个方程的微分算子是一个吸收边界为 0 的标准布朗运动的无穷小算子. 因此,我们有下面命题 2.4.1 中的 Green 函数或跃迁密度,它可以用来递归地求解 $(2-26)$ 中的方程.

命题 2.4.1: 对于有界连续函数 $f(\tau, u)$ 和 $g(u)$,$\tau \in (0,1]$,$u > 0$,以下

方程的解

$$
\begin{cases}
\left[\dfrac{\partial}{\partial \tau}-\dfrac{1}{2}\dfrac{\partial^2}{\partial u^2}\right]P(\tau,u)=f(\tau,u), \\
P(\tau,0)=0, \\
P(0,u)=g(u),
\end{cases}
$$

在下列公式中给出:

$$
P(\tau,u)=\int_0^\tau\!\!\int_0^{+\infty}G(\tau-s,u,\xi)f(\tau,\xi)d\xi ds+\int_0^{+\infty}G(\tau,u,\xi)g(\xi)d\xi,
$$

其中 $G(\tau,u,\xi)=n(\tau,u-\xi)-n(\tau,u+\xi)$ 是具有吸收边界的半空间上布朗运动的无穷小算子的 Green 函数. 这里 $n(\tau,u)$ 是在 $(2-5)$ 中定义的正态密度函数.

证明: 它是大多数教科书中的标准结果,如 Polyanin(2002)的 1.2 节或 Karatzas & Shreve(1991)的定理 5.7.6 和问题 2.8.6.

$(2-25)$ 中的余项 $\mathcal{R}(\tau,u,v)$ 满足

$$
\begin{cases}
\mathcal{LR}=\epsilon^3\cdot(\mathcal{L}_2 D^{(1)}+\mathcal{L}_1 D^{(2)}+\epsilon\mathcal{L}_2 D^{(2)}+\mathcal{L}_3^{(\epsilon)}(D^{(0)}+\epsilon D^{(1)}+\epsilon^2 D^{(2)})), \\
\mathcal{R}(\tau,0,v)=0, \\
\mathcal{R}(0,u,v)=0,
\end{cases}
$$

$$(2-27)$$

其中 $\mathcal{L}=\mathcal{L}_0-\epsilon\mathcal{L}_1-\epsilon^2\mathcal{L}_2-\epsilon^3\mathcal{L}_3^{(\epsilon)}$. $\mathcal{L}$ 表示 $(2-16)$ 中的算子,其对应于二维扩散的无穷小算子. $D^{(0)},D^{(1)},D^{(2)}$ 的显式公式允许我们限制 $(2-27)$ 的右侧,因此我们可以获得余项 $\mathcal{R}$ 的估计.

我们总结了上述分析,并在下面的定理中提供了严格的陈述.

定理 2.4.2: 对于 $B>0$ 和 $\beta\in[0,1]$,前三项 $D^{(0)}(\tau,u),D^{(1)}(\tau,u,v)$, $D^{(2)}(\tau,u,v)$ 由 $(2-4)$ 给出. 此外,我们有以下的误差限制:

$$|D(\tau,u,v) - D^{(0)}(\tau,u) - \epsilon D^{(1)}(\tau,u,v) - \epsilon^2 D^{(2)}(\tau,u,v)| \leqslant C\epsilon^3,$$

其中 C 是一个独立于 ϵ 的正常数.

证明:应用命题 2.4.1,可解式(2-26):

$$\begin{cases} D^{(0)}(\tau,u) = \displaystyle\int_0^{+\infty} G(\tau,u,\xi)d\xi, \\[2mm] D^{(1)}(\tau,u,v) = \displaystyle\int_0^{\tau}\int_0^{+\infty} G(\tau-s,u,x)\mathcal{L}_1 D^{(0)}(s,x)dxds, \\[2mm] D^{(2)}(\tau,u,v) = \displaystyle\int_0^{\tau}\int_0^{+\infty} G(\tau-s,u,x)\big[\mathcal{L}_1 D^{(1)}(s,x,v) \\[2mm] \qquad\qquad\qquad + \mathcal{L}_2 D^{(0)}(s,x)\big]dxds. \end{cases}$$

上述公式中的积分可用正态密度及其累积分布函数表示. $D^{(0)}(\tau,u)$ 可以直接计算. 注意,其他积分都是时间卷积. 而时间卷积是对时间变量做 Laplace 变换后的乘法. 因此,我们可以使用时间卷积结构来降低计算强度. $D^{(1)}(\tau,u,v)$ 和 $D^{(2)}(\tau,u,v)$ 的显式公式在(2-4)中给出. 详情见附录 A.2.

误差估计如下. 令 $\mathbb{E}^{u,v}[\,\cdot\,]$ 表示由(2-18)定义的二维扩散过程 (U,V) 的以时间 t 状态 (u,v) 为条件的期望算子. 设 τ_U 为 U 第一次击中 0 的时间. 由引理 2.3.1 中给出的方程(2-16)解的随机表示公式,我们有

$$\begin{aligned} \mathcal{R}(\tau,u,v) = \epsilon^3 \cdot \mathbb{E}^{u,v}\Big[\int_0^{\tau\wedge\tau_U} (\mathcal{L}_3^{(\epsilon)} D^{(0)}(\tau-s,U_s) \\ + (\mathcal{L}_2 + \epsilon\mathcal{L}_3^{(\epsilon)})D^{(1)}(\tau-s,U_s,V_s) + (\mathcal{L}_1 \\ + \epsilon\mathcal{L}_2 + \epsilon^2\mathcal{L}_3^{(\epsilon)}) \times D^{(2)}(\tau-s,U_s,V_s))ds\Big]. \end{aligned}$$

回想微分算子 $\mathcal{L}_i(i=1,2)$ 的定义和(2-24)中的 $\mathcal{L}_3^{(\epsilon)}$ 以及(2-4)中 $D^{(0)},D^{(1)},D^{(2)}$ 的定义. 注意微分算子 $\mathcal{L}_3^{(\epsilon)}$ 的系数由 $\beta(1-\beta)^2 B^{2(\beta-1)}u^2v^3$ 限

制. 因此,我们可以发现 $\mathcal{L}_2 D^{(1)}$,$\mathcal{L}_1 D^{(2)}$,$\mathcal{L}_2 D^{(2)}$,$\mathcal{L}_3^{(\epsilon)} D^{(0)}$,$\mathcal{L}_3^{(\epsilon)} D^{(1)}$,$\mathcal{L}_3^{(\epsilon)} D^{(2)}$

都由如下形式的项限制:$(1+v)(\sqrt{\tau})^m \left(\dfrac{u}{\sqrt{\tau}}\right)^l e^{-\frac{u^2}{2\tau}}$ 和 $(1+v) u^k (1-N(\tau,u))$,

其中 $l,m,k \geqslant 1$. Karatzas & Shreve(1991)中的问题 2.9.22 提出

$$1-N(\tau,u) = \frac{1}{\sqrt{2\pi\tau}} \int_u^{+\infty} e^{-\frac{x^2}{2\tau}} dx < \frac{\sqrt{\tau}}{\sqrt{2\pi}u} e^{-\frac{u^2}{2\tau}}$$

此外,对于 $l,m,k \geqslant 1$,$(\sqrt{\tau})^m$ 和 $\left(\dfrac{u}{\sqrt{\tau}}\right)^l e^{-\frac{u^2}{2\tau}}$ 分别是有界的. 因此,期望中的所有项都满足引理 2.3.1 中的条件,并且期望由一个正常数限制. 证明完成.

(二) $B \geqslant 0$ 且 $\beta = 0$ 的渐近解

在本小节中,我们将重点计算当 $\beta = 0$ 时远期价格 F 击中零的概率(即正常的 SABR 模型). 下界是非负的. 如果 $\beta = 0$,则根据(2-21),对于所有 $B \geqslant 0$,$\beta f^{\beta-1} v \equiv 0$. 因此,经过坐标变换后的(2-16)如下:

$$\begin{cases} \mathcal{L}_0 D(\tau,u,v) = [\epsilon \mathcal{L}_1 + \epsilon^2 \mathcal{L}_2] D(\tau,u,v), \\ D(\tau,0,v) = 0, \\ D(0,u,v) = 1, \end{cases}$$

其中 $\mathcal{L}_0 = \dfrac{\partial}{\partial \tau} - \dfrac{1}{2} \dfrac{\partial^2}{\partial u^2}$,$\mathcal{L}_1 = -\rho u \dfrac{\partial^2}{\partial u^2} - \rho \dfrac{\partial}{\partial u} + \rho v \dfrac{\partial^2}{\partial u \partial v}$,$\mathcal{L}_2 = \dfrac{1}{2} u^2 \dfrac{\partial^2}{\partial u^2} +$

$u \dfrac{\partial}{\partial u} + \dfrac{1}{2} v^2 \dfrac{\partial^2}{\partial v^2} - uv \dfrac{\partial^2}{\partial u \partial v}$. 这是一个标准 SABR 模型.

我们仍然可以关于 ϵ 展开 $D(\tau,u,v)$,

$$D(\tau,u,v)=D^{(0)}(\tau,u)+\epsilon D^{(1)}(\tau,u)+\epsilon^2 D^{(2)}(\tau,u)+O(\epsilon^3). \quad (2-28)$$

这里,$D^{(0)}(\tau,u)$,$D^{(1)}(\tau,u)$ 和 $D^{(2)}(\tau,u)$ 都独立于 v. 显然,$D^{(0)}(\tau,u)$ 是 τ 和 u 的函数. $D^{(0)}(\tau,u)$ 关于 v 的导数为零. 注意到关于 v 的偏导数的系数在算子 $\mathcal{L}_1$ 和 $\mathcal{L}_2$ 与 v 耦合,因此 $D^{(1)}(\tau,u)$ 和 $D^{(2)}(\tau,u)$ 不包含 v.

首阶算子 $\mathcal{L}_0$ 再次是吸收边界为 $B \geqslant 0$ 的布朗运动的无穷小算子,因此命题 2.4.1 仍然适用. 类似于定理 2.4.2 中的分析,我们可以在(2-28)中导出 $D^{(0)}(\tau,u)$,$D^{(1)}(\tau,u)$ 和 $D^{(2)}(\tau,u)$ 的公式以及下面定理中的误差界.

定理 2.4.3: 对于 $B \geqslant 0$ 和 $\beta = 0$,前三项 $D^{(0)}(\tau,u)$,$D^{(1)}(\tau,u)$ 和 $D^{(2)}(\tau,u)$ 在(2-7)中给出. 此外,我们有如下误差限制,

$$\left| D(\tau,u,v) - D^{(0)}(\tau,u) - \epsilon D^{(1)}(\tau,u) - \epsilon^2 D^{(2)}(\tau,u) \right| \leqslant C\epsilon^3,$$

其中 C 是一个独立于 ϵ 的正常数.

(三) $B=0$ 且 $\beta \in (0,1)$ 的渐近解

在本小节中,我们计算远期价格 F 达到零的概率. 若 $B=0$ 且 $\beta \in (0,1)$,则 $\epsilon\beta f^{\beta-1}v = \beta((1-\beta)u)^{-1}$. 因此,(2-16)中的首阶算子是 Bessel 过程的无穷小算子,而不是吸收边界为零的布朗运动. 因此,等式(2-16)变为

$$\begin{cases} \mathcal{L}_0 D(\tau,u,v) = [\epsilon\mathcal{L}_1 + \epsilon^2\mathcal{L}_2]D(\tau,u,v), \\ D(\tau,0,v) = 0, \\ D(0,u,v) = 1, \end{cases} \quad (2-29)$$

其中 $d = 1 - \dfrac{\beta}{1-\beta}$,且

$$\begin{cases} \mathcal{L}_0 = \dfrac{\partial}{\partial \tau} - \dfrac{1}{2} \dfrac{\partial^2}{\partial u^2} - \dfrac{d-1}{2u} \dfrac{\partial}{\partial u}, \\[2mm] \mathcal{L}_1 = \rho \left(-u \dfrac{\partial^2}{\partial u^2} - \dfrac{\partial}{\partial u} + v \dfrac{\partial^2}{\partial u \partial v} \right), \\[2mm] \mathcal{L}_2 = \dfrac{u^2}{2} \dfrac{\partial^2}{\partial u^2} + u \dfrac{\partial}{\partial u} + \dfrac{v^2}{2} \dfrac{\partial^2}{\partial v^2} - uv \dfrac{\partial^2}{\partial u \partial v}. \end{cases} \quad (2-30)$$

首阶算子 $\mathcal{L}_0$ 是吸收边界为零的 d 维 Bessel 过程的无穷小算子. 有关 Bessel 过程的更多信息,请参阅 Borodin and Salminen(2002)附录 I 第 21 节的内容.

现在我们可以关于ϵ展开 $D(\tau, u, v)$,

$$D(\tau, u, v) = D^{(0)}(\tau, u) + \epsilon D^{(1)}(\tau, u) + O(\epsilon^2). \quad (2-31)$$

$D^{(1)}(\tau, u)$独立于v,因为v和v的偏导数在$\mathcal{L}_1$中耦合. 将式(2-31)代入式(2-29),我们可以通过求解下面的 PDEs 得到 $D^{(0)}(\tau, u)$和$D^{(1)}(\tau, u)$.

$$\begin{cases} \mathcal{L}_0 D^{(0)}(\tau, u) = 0, \\ D^{(0)}(\tau, 0) = 0, \\ D^{(0)}(0, u) = 1; \end{cases}$$

$$\begin{cases} \mathcal{L}_0 D^{(1)}(\tau, u) = \mathcal{L}_1 D^{(0)}(\tau, u), \\ D^{(1)}(\tau, 0) = 0, \\ D^{(1)}(0, u) = 0; \end{cases} \quad (2-32)$$

每个方程的微分算子是一个具有 Dirichlet 边界的 d 维 Bessel 过程的无穷小生成元. Green 函数可以用下面的命题来明确表示.

命题 2.4.4:对于有界连续函数 $f(\tau, u)$和 $g(u)$,$\tau \in (0, 1]$,$u > 0$,下列方程的解

$$\begin{cases} \left[\dfrac{\partial}{\partial \tau} - \dfrac{1}{2}\dfrac{\partial^2}{\partial u^2} - \dfrac{d-1}{2u}\dfrac{\partial}{\partial u}\right]P(\tau,u) = f(\tau,u), \\[3mm] P(\tau,0) = 0, \\[3mm] P(0,u) = g(u), \end{cases}$$

由如下公式给出：

$$P(\tau,x,y) = \int_0^\tau \int_0^{+\infty} K(\tau-s,u,\xi)f(s,\xi)d\xi ds + \int_0^{+\infty} K(\tau,u,\xi)g(\xi)d\xi,$$

其中,在(2-10)中给出的 $K(\tau,u,\xi)$ 是吸收边界为零的 d 维 Bessel 过程的无穷小算子的 Green 函数.

证明: 见 Borodin & Salminen(2002)附录一第 21 节或 Polyanin(2002)第 1.2 节的内容.

应用命题 2.4.4,我们可以解出(2-32)中的方程. 结果在下面的定理中给出.

定理 2.4.5: 对于 $B=0$ 且 $\beta \in (0,1)$,由(2-32)确定的 $D^{(0)}(\tau,u)$ 和 $D^{(1)}(\tau,u)$ 的封闭形式公式在(2-9)中给出. 此外,我们有以下误差界

$$|D(\tau,u,v) - D^{(0)}(\tau,u)| \leqslant C\epsilon,$$

其中 C 是一个独立于参数 ϵ 的正常数.

证明: 首先,应用命题 2.4.4 来求解方程(2-32),我们得到如下的封闭形式公式：

$$\begin{cases} D^{(0)}(\tau,u) = \displaystyle\int_0^{+\infty} K(\tau,u,\xi)d\xi, \\[4mm] D^{(1)}(\tau,u) = (-\rho)\displaystyle\int_0^\tau \int_0^{+\infty} K(\tau-s,u,x) \cdot \left(x\dfrac{\partial^2}{\partial x^2} + \dfrac{\partial}{\partial x}\right)D^{(0)}(s,x)dxds. \end{cases}$$

$$(2-33)$$

此外,我们可以显式地计算 $D^{(0)}(\tau,u)$. 回想(2-10)中给出的跃迁密度函数和(2-11)中第一类修正 Bessel 函数 $I_\theta(\cdot)$ 的定义,则我们有

$$
\begin{aligned}
D^{(0)}(\tau,u) &= \int_0^{+\infty} \frac{u^\theta \xi^{1-\theta}}{\tau} \exp\left(-\frac{u^2+\xi^2}{2\tau}\right) \times \sum_{m=0}^{+\infty} \frac{\left(\frac{u\xi}{2\tau}\right)^{2m+\theta}}{\Gamma(m+1+\theta)m!} d\xi \\
&= \sum_{m=0}^{\infty} \frac{\left(\frac{u^2}{2\tau}\right)^{m+\theta} e^{-\frac{u^2}{2\tau}}}{\Gamma(m+1+\theta)} = \frac{\gamma\left(\theta,\frac{u^2}{2\tau}\right)}{\Gamma(\theta)}.
\end{aligned}
$$

$$(2-34)$$

第二个等式成立是因为:

$$
m! = \int_0^\infty \exp\left(-\frac{\xi^2}{2\tau}\right)\left(\frac{\xi^2}{2\tau}\right)^m d\left(\frac{\xi^2}{2\tau}\right).
$$

第三个等式成立是因为下不完全函数允许以下级数表示(见 Abramowitz & Stegun 1972):

$$
\gamma(\theta,\zeta) = \sum_{m=0}^{+\infty} \frac{\zeta^{m+a} e^{-\zeta} \Gamma(\theta)}{\Gamma(m+1+\theta)}.
$$

$D^{(0)}(\tau,u)$ 的微分现在由下式给出

$$
\begin{cases}
\dfrac{\partial D^{(0)}}{\partial u} = \dfrac{1}{\Gamma(\theta)} \dfrac{u}{\tau} \left(\dfrac{u^2}{2\tau}\right)^{\theta-1} \exp\left(-\dfrac{u^2}{2\tau}\right) = \dfrac{u^{2\theta-1}}{\Gamma(\theta) 2^{\theta-1} \tau^\theta} \exp\left(-\dfrac{u^2}{2\tau}\right), \\
\dfrac{\partial^2 D^{(0)}}{\partial u^2} = \left(\dfrac{(2\theta-1) u^{2\theta-2}}{\Gamma(\theta) 2^{\theta-1} \tau^\theta} - \dfrac{u^{2\theta}}{\Gamma(\theta) 2^{\theta-1} \tau^{\theta+1}}\right) \exp\left(-\dfrac{u^2}{2\tau}\right).
\end{cases}
$$

$$(2-35)$$

结合公式(2-33),(2-34)和(2-35),我们有了(2-9)中的公式.

(1) 误差估计

余项 $\mathcal{R}(\tau,u,v) \equiv D(\tau,u,v) - D^{(0)}(\tau,u)$ 满足以下等式:

$$\begin{cases} \mathcal{L}\mathcal{R}=\epsilon\cdot(\mathcal{L}_1 D^{(0)}+\epsilon\mathcal{L}_2 D^{(0)}), \\ \mathcal{R}(\tau,0,v)=0, \\ \mathcal{R}(0,u,v)=0, \end{cases}$$

其中 $L=\mathcal{L}_0-\epsilon\mathcal{L}_1-\epsilon^2\mathcal{L}_2$,$\mathcal{L}_0$,$\mathcal{L}_1$ 和 $\mathcal{L}_2$ 在(30)中给出.

类似于定理 2.4.2 中的分析,为了建立误差界,我们只需要证明 $\mathcal{L}_1 D^{(0)}$ 和 $\mathcal{L}_2 D^{(0)}$ 在状态变量 u 上是有界的,并且在时间变量 τ 上是可积的. 接下来,我们将证明这些要求都得到了满足. 回想一下(2-30)中算子 $\mathcal{L}_1$ 和 $\mathcal{L}_2$ 的定义. 这足以表明,

$$\frac{\partial D^{(0)}(\tau,u)}{\partial u},u\frac{\partial^2 D^{(0)}(\tau,u)}{\partial u^2},u\frac{\partial D^{(0)}(\tau,u)}{\partial u},u^2\frac{\partial^2 D^{(0)}(\tau,u)}{\partial u^2}$$

在状态变量 u 中有界,在时间变量 τ 中可积.

回想一下(2-35)中给出的 $D^{(0)}$ 的偏导数:

$$\frac{\partial D^{(0)}}{\partial u}=\frac{u^{2\theta-1}}{\Gamma(\theta)2^{\theta-1}\tau^\theta}\exp\left(-\frac{u^2}{2\tau}\right)=\frac{\sqrt{2}}{\Gamma(\theta)}\cdot\frac{1}{\sqrt{\tau}}\cdot\left(\frac{u^2}{2\tau}\right)^{\theta-1/2}\exp\left(-\frac{u^2}{2\tau}\right).$$

注意 $x^\alpha e^{-x}$ 在 $\alpha\geqslant 0$ 有界,$\theta-1/2$ 是非负的,即对于 $\beta\geqslant 0$,$\theta-\dfrac{1}{2}=\dfrac{1}{2(1-\beta)}-\dfrac{1}{2}\geqslant 0$,因此 $\dfrac{\partial D^{(0)}}{\partial u}$ 在 u 上有界. 因此,非齐次项 $\dfrac{\partial D^{(0)}}{\partial u}$ 可由时间积分 $\int_0^\tau 1/\sqrt{s}\,ds<+\infty$ 来界定.

使用相同的思想,我们可以证明 $u\dfrac{\partial^2 D^{(0)}(\tau,u)}{\partial u^2}$,$u\dfrac{\partial D^{(0)}(\tau,u)}{\partial u}$,$u^2\dfrac{\partial^2 D^{(0)}(\tau,u)}{\partial u^2}$ 在状态变量 u 中有界,在时间变量 τ 中可积. 最后,我们可以使用引理 2.3.1 获得期望的误差估计.

附录 A 公式的证明与计算

A. 1. 证明

定理 2.2.1 的证明:首先,由(2-1)定义的 $\{F_t, A_t; 0 \leqslant t \leqslant T\}$ 允许一个解,见 Hobson(2010)的定理 3.1. 令 $S_n = \inf\{t \geqslant 0: F_t^2 + A_t^2 \geqslant n^2\}$. 对 $\varphi(t, F_t, A_t)$ 应用 Itô 公式,并回顾 $\varphi(t, f, a)$ 的 PDE(2),我们有

$$\varphi(T \wedge \tau_{B+\frac{1}{n}}^t \wedge S_n, F_{T \wedge \tau_{B+\frac{1}{n}}^t \wedge S_n}, A_{T \wedge \tau_{B+\frac{1}{n}}^t \wedge S_n})$$

$$= \varphi(t, F_t, A_t) + \int_t^{T \wedge \tau_{B+\frac{1}{n}}^t \wedge S_n} \frac{\partial \varphi}{\partial f} dF_{t'} + \int_t^{T \wedge \tau_{B+\frac{1}{n}}^t \wedge S_n} \frac{\partial \varphi}{\partial a} dA_{t'}.$$

如果两边都取期望值,则所得的随机积分的期望值为零. 这样我们有

$$\varphi(t, f, a) = \mathbb{E}\left[\varphi\left(T \wedge \tau_{B+\frac{1}{n}}^t \wedge S_n, U_{T \wedge \tau_{B+\frac{1}{n}}^t \wedge S_n}, V_{T \wedge \tau_{B+\frac{1}{n}}^t \wedge S_n}\right) \bigg| F_t = f, A_t = a\right].$$

注意 $\varphi(t, f, a)$ 是有界的. 回顾 $\varphi(t, f, a)$ 的边界和终端条件. 当 $n \to +\infty$,根据控制收敛定理(dominated convergence theorem),我们有

$$\varphi(t, f, a) = \mathbb{E}\left[1_{\{\tau_B^t > T\}} \big| F_t = f, A_t = a\right].$$

引理 2.3.1 的证明:注意(2-18)中定义的 (U, V) 在 τ 前存在一个弱解. 对 $D(t-\theta, U_\theta, V_\theta)$ 应用 Itô 公式,并回顾(2-19)中的 PDE,我们有

$$dD(t-\theta,U_\theta,V_\theta)$$

$$= -g(t-\theta,U_\theta,V_\theta)dt + \frac{\partial D(t-\theta,U_\theta,V_\theta)}{\partial v}\epsilon V_\theta dW_\theta^{(2)} \tag{A1}$$

$$+\frac{\partial D(t-\theta,U_\theta,V_\theta)}{\partial u}\left(\sqrt{1-\rho^2}\,dW_\theta^{(1)}+(\rho-\epsilon U_\theta)dW_\theta^{(2)}\right).$$

令 $S_n=\inf\{t\geqslant 0;U_t^2+V_t^2\geqslant n^2\}$. 在 $[0,t\wedge\tau_U\wedge S_n]$ 上积分,所得随机积分的期望值为零,则我们有

$$D(t,u,v)=\mathbb{E}^{u,v}\left[D(t\wedge\tau_U\wedge S_n,U_{t\wedge\tau_U\wedge S_n},V_{t\wedge\tau_U\wedge S_n})\right]$$

$$+\mathbb{E}^{u,v}\left[\int_0^{t\wedge\tau_U\wedge S_n}g(t-\theta,U_\theta,V_\theta)d\theta\right]. \tag{A2}$$

回顾 D 和 g 的边界假设,(A2)的右边由 $M+M(1+V_0)\int_0^T|g_1(t)|\,dt<\infty$ 决定. 根据控制收敛定理,令(A2)右侧的 $n\to\infty$,我们得到

$$D(t,u,v)=\mathbb{E}^{u,v}\left[D(t\wedge\tau_U,U_{t\wedge\tau_U},V_{t\wedge\tau_U})\right]+\mathbb{E}^{u,v}\left[\int_0^{t\wedge\tau_U}g(t-\theta,U_\theta,V_\theta)d\theta\right]$$

$$=\mathbb{E}^{u,v}\left[h(U_t,V_t)1_{\{t\leqslant\tau_U\}}\right]+\mathbb{E}^{u,v}\left[\int_0^{t\wedge\tau_U}g(t-\theta,U_\theta,V_\theta)d\theta\right]. \tag{A3}$$

证明完毕.

A.2. 定理 2.3.1 中的表达式

引理 A.1(LAPLACE 变换)令 $\mathscr{L}[f](\lambda)=\int_0^{+\infty}e^{-\lambda t}f(t)dt$ 表示 Laplace 变换,则

$$\mathfrak{L}\big[n(t,x)\big](\lambda)=\frac{1}{\sqrt{2\lambda}}e^{-\sqrt{2\lambda}\,|x|},$$

$$\mathfrak{L}\big[1-N(t,x)\big](\lambda)=\frac{1}{2\lambda}e^{-\sqrt{2\lambda}\,x},x\geqslant0.$$

则 $n(t,x)*n(t,y)$ 的时间卷积由下式给出:

$$n(t,x)*n(t,y):=\int_0^t n(t-s,x)n(s,y)ds=1-N(t,\,|\,x\,|+|\,y\,|),$$

其中 $n(t,x)$ 和 $N(t,x)$ 是正态密度函数及其累积分布函数,由(2-5)定义.

证明:Laplace 变换源于 Abramowitz & Stegun(1972)第 29 章. 利用时间卷积是一个 Laplace 变换后的乘法的性质,我们得出结论:

$$n(t,x)*n(t,y)=\mathfrak{L}^{-1}\Bigg[\frac{e^{-\sqrt{2\lambda}(|x|)}}{\sqrt{2\lambda}}\cdot\frac{e^{-\sqrt{2\lambda}(|y|)}}{\sqrt{2\lambda}}\Bigg](t)=1-N(t,|\,x\,|+|\,y\,|).$$

第一项:$D^{(1)}(\tau,u,v)$. 注意

$$\mathcal{L}_1 D^{(0)}(s,x)=(2\rho)\frac{x^2}{s}n(s,x)+(-2\rho-\beta B^{\beta-1}v)n(s,x).$$

直接计算得到的结果为:

$$\begin{aligned}
D^{(1)}(\tau,u,v) &= \int_0^\tau\int_0^{+\infty}G(\tau-s,u,x)\mathcal{L}_1 D^{(0)}(s,x)dxds\\
&= \int_0^\tau\int_0^{+\infty}G(\tau-s,u,x)\times((2\rho)\frac{x^2}{s}\\
&\quad +(-2\rho-\beta B^{\beta-1}v))n(s,x)dxds\\
&= \rho u^2 n(\tau,u)+(-\rho-\beta B^{\beta-1}v)u[1-N(\tau,u)].
\end{aligned}$$

在引理 A.1 中应用 Laplace 变换技术,我们可以得到最后一个等式. 注意,$n(t,x)/t$ 的 Laplace 变换是通过对 $n(t,x)$ 关于 x 求导得到的.

第二项:$D^{(2)}(\tau,u,v)$. 首先我们求出 $D^{(0)}$ 和 $D^{(1)}$ 的导数如下:

$$\mathcal{L}_2 D^{(0)}(s,x) + \mathcal{L}_1 D^{(1)}(s,x,v)$$

$$= \left(a_d^{1'} \cdot \frac{x^5}{s^2} + a_d^{2'} \cdot \frac{x^3}{s} + a_d^{3'} \cdot x \right) n(s,x) + a_d^{4'} [1 - N(s,x)],$$

其中

$$\begin{cases} a_d^{1'} = -\rho^2, \\[2mm] a_d^{2'} = 7\rho^2 + \dfrac{3}{2}\rho\beta B^{\beta-1} v - 1, \\[2mm] a_d^{3'} = 2 - 7\rho^2 - \dfrac{7}{2}\rho\beta B^{\beta-1} v - \beta\left(\dfrac{3\beta}{2} - 1\right) B^{2\beta-2} v^2, \\[2mm] a_d^{4'} = \rho^2 + \dfrac{1}{2}\rho\beta B^{\beta-1} v + \dfrac{1}{2}\beta^2 B^{2\beta-2} v^2. \end{cases}$$

应用命题 2.4.1,项 $D^{(2)}(\tau,u,v)$ 为

$$D^{(2)}(\tau,u,v) = \int_0^\tau \int_0^{+\infty} G(\tau-s,u,x) \times (\mathcal{L}_D^2 D^{(0)}(s,x) + \mathcal{L}_D^1 D^{(1)}(s,x,v)) dx ds$$

$$= \int_0^\tau \int_0^{+\infty} G(\tau-s,u,x) \times \left(\left(a_d^{1'} \cdot \frac{x^5}{s^2} + a_d^{2'} \cdot \frac{x^3}{s} \right. \right.$$

$$\left. \left. + a_d^{3'} \cdot x \right) n(s,x) + a_d^{4'} [1-N(s,x)] \right) dx ds$$

$$:= I_D^1 + I_D^2,$$

其中 I_D^1 和 I_D^2 可以分别如下计算. 再次对引理 A.1 应用 Laplace 变换,我们有

$$I_D^1 = \int_0^\tau \int_{\mathbb{R}} n(\tau-s,u-x) \times (a_d^{1'} \cdot \frac{x^5}{s^2} + a_d^{2'} \cdot \frac{x^3}{s} + a_d^{3'} \cdot x) n(s,x) dx ds$$

$$= \left(\frac{a_d^{1'}}{4} \cdot \frac{u^5}{\tau} + \frac{5a_d^{1'} + 2a_d^{2'}}{6} u^3 + \frac{5a_d^{1'} + 2a_d^{2'} + 2a_d^{3'}}{4} u\tau \right) n(\tau,u),$$

$$I_D^2 = a_d^{4'} \int_0^\tau \int_0^{+\infty} G(\tau-s,u,x)[1-N(s,x)] dx ds$$

$$= a_d^{4'} u\tau n(\tau,u) - a_d^{4'} u^2 [1 - N(\tau,u)].$$

这样计算就完成了. 我们得到了 $(2-4)$ 中 $D^{(1)}(\tau,u,v)$ 和 $D^{(2)}(\tau,u,v)$ 的表达式.

表 A1　不同方法 Ⅰ 计算的生存概率比较

B	95	95.5	96	96.5	97	97.5	98	98.5	99
FPT	0.986 2	0.973 7	0.952 3	0.917 7	0.864 7	0.788 1	0.683 5	0.549 0	0.385 8
MC	0.985 2	0.972 5	0.950 9	0.915 8	0.863 0	0.786 9	0.682 6	0.549 2	0.386 8
FD	0.984 8	0.971 8	0.949 9	0.915 2	0.861 7	0.785 5	0.681 0	0.547 5	0.384 7

注：行'B'表示下界的不同级别.'FPT','MC'和'FD'是概率 $\mathbb{P}(\tau_B>T)$, 分别由 $(2-3)$、Monte Carlo 模拟、有限差分法计算得到. 其他参数为 $F_0=100, A_0=0.2, \beta=0.5, \rho=-0.3, \nu=0.1, T=1$.

表 A2　不同方法 Ⅱ 计算的生存概率比较

B	0.60	0.65	0.70	0.75	0.80	0.85	0.90	0.95
FPT	1.000 0	0.999 9	0.998 7	0.991 8	0.963 0	0.877 0	0.689 3	0.382 2
MC	1.000 0	0.999 7	0.997 9	0.989 4	0.958 2	0.871 1	0.686 3	0.384 3
FD	1.000 0	0.999 8	0.998 4	0.990 9	0.961 0	0.874 4	0.687 0	0.381 3

注：行'B'表示下界的不同级别.'FPT','MC'和'FD'是概率 $\mathbb{P}(\tau_B>T)$, 分别由 $(2-3)$、Monte Carlo 模拟、有限差分法计算得到. 其他参数为 $F_0=1, A_0=0.1, \beta=0.7, \rho=-0.3, \nu=0.1, T=1$.

表 A3　不同方法 Ⅲ 计算的生存概率比较

B	0.050	0.055	0.060	0.065	0.070	0.075	0.080	0.085	0.090
FPT	0.924 4	0.882 6	0.827 5	0.758 2	0.674 9	0.578 9	0.472 2	0.357 4	0.237 8
MC	0.920 6	0.878 7	0.823 8	0.755 3	0.672 6	0.577 7	0.472 5	0.359 7	0.241 1
FD	0.919 6	0.877 4	0.822 3	0.753 4	0.671 0	0.576 1	0.470 5	0.357 0	0.238 6

注：行'B'表示下界的不同级别.'FPT','MC'和'FD'是概率 $\mathbb{P}(\tau_B>T)$, 分别由 $(2-3)$、Monte Carlo 模拟、有限差分法计算得到. 其他参数为 $F_0=0.1, A_0=0.1, \beta=0.5, \rho=-0.2, \nu=0.1, T=1$.

表 A4 不同方法 IV 计算的生存概率比较

B	0	0.005	0.010	0.015	0.020	0.025	0.030	0.035	0.040
FPT	0.684 3	0.659 6	0.633 8	0.606 7	0.578 4	0.548 9	0.518 4	0.486 7	0.453 9
MC	0.687 2	0.662 7	0.637 4	0.610 8	0.582 7	0.553 7	0.523 3	0.491 9	0.459 6
FD	0.682 2	0.657 7	0.631 9	0.605 0	0.576 8	0.547 5	0.517 0	0.485 4	0.452 7

注：行'B'表示下界的不同级别. 'FPT'，'MC'和'FD'是概率 $\mathbb{P}(\tau_B > T)$，分别由 (2-6)、Monte Carlo 模拟、有限差分法计算得到. 第二列 $B=0$ 对应的是远期价格在时间 T 之前没有达到 0 的概率. 其他参数为 $F_0 = 0.1, A_0 = 0.1, \beta = 0, \rho = -0.1, \nu = 0.1$, $T = 1$.

表 A5 没有击中零的概率

ρ	0	-0.1	-0.2	-0.3	β	0.1	0.2	0.3	0.4
FPT	0.943 9	0.942 8	0.941 7	0.940 5	FPT	0.943 9	0.992 4	0.999 9	1.000 0
MC	0.944 5	0.943 9	0.942 4	0.941 4	MC	0.944 5	0.992 3	0.999 8	1.000 0
FD	0.943 3	0.942 0	0.940 7	0.939 4	FD	0.943 3	0.991 9	0.999 8	1.000 0

注：下界 B 在所有情况下均为 0. 常用的参数是 $F_0 = 0.1, A_0 = 0.1, \nu = 0.1, T = 0.5$. "FPT"和"MC"是不达到零的概率($\mathbb{P}(\tau_0 > T)$)，分别通过 (2-8) 和 Monte Carlo 模拟计算得到. 在左边的面板，$\beta = 0.1$. 左边的第一行表示不同的 ρ 值. 在右边，$\rho = 0$. 右侧第一行表示不同的 β 值.

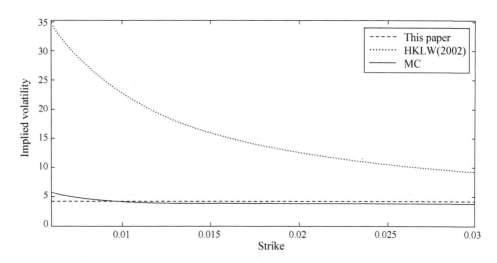

图 2 - 1   交割价格较小时的隐含波动率的图示

注:点虚线、实线和短划线分别表示 Hagan et al. (2002)公式、Monte Carlo 模拟和公式(2 - 8)产生的隐含波动率. 其余参数是 $F_0=0.05, A_0=0.4, T=1, \rho=-0.2, \nu=0.1, \beta=0.2$.

第三章 SABR 模型下的近似无套利期权定价

Hagan et al.(2002)引入的 SABR 模型为利率和外汇市场的隐含波动率建模提供了一种流行的工具. 为了排除套利机会,我们需要为这个模型指定一个零处的吸收边界,这是现有的在 SABR 模型下定价衍生品的分析方法通常忽略的. 本章给出了普通期权价格的封闭形式的近似(closed-form approximations),以考虑这种边界条件的影响. 与传统的基于正态分布的近似方法不同,我们的方法源于一维 Bessel 过程的展开. 大量的数值实验证明了该方法的准确性和有效性. 此外,从实用角度来看,我们的方法产生的显式表达是有吸引力的,因为它可以导致快速校准、定价和套期保值.

一、引言

Hagan et al. (2002)提出的 SABR 模型被广泛应用于利率和外汇市场. 该模型是一种局部随机波动率模型,其标的(远期价格或利率)遵循恒定弹性的方差型(CEV)扩散过程,波动率动态过程由几何布朗运动控制. SABR 模型的流行来自其封闭形式的渐进隐含波动率公式,并捕获了微笑动态和远期价格之间的正确组合(如 Hagan et al, 2002).

然而,在 SABR 模型下,远期价格可能会以正概率击中零,从而产生套利机会. 因此,必须指定零处的吸收边界条件,以避免套利机会(见例如 Delbaen and Shirakawa,2002;Rebonato et al.,2009). 现有文献中提出的许多分析方法在试图从定价偏微分方程(PDEs)发展近似解时忽略了这一要求. 这导致了一些广泛使用的定价公式,如 Hagan et al. (2002),Obłój (2008) and Paulot(2015)给出的定价公式不能排除套利机会. 我们的研究旨在解决如何在 SABR 模型下推导出新的普通期权价格的近似来考虑吸收边界条件的影响.

为此,本章引入了三种转换的新组合来开发 SABR 模型的结构特性. 它们是缩放,Lamperti 变换和均质化(homogenization). 这些转换基于总波动率的波动率(vol-of-vol)和标的价格与波动率之间的相关系数产生两个扩展参数. 变换后的定价 PDE 中的首阶算子是一维 Bessel 过程的无穷小算子,从中我们可以推导出一个显式的零阶逼近. 此外,我们所使用的变换清楚地表明,由于变换后的 SABR 模型中无论对总 vol-of-vol 还是相关系数都没有出现一阶微分算子,因此上述一阶解将达到二阶精度. 据我们所知,我们的近似采用了一种与现有文献相关的新方法. 我们还进行了一套详尽的数值实验,以证明我们的方法的准确性和效率.

我们的研究涉及三方面文献. 第一,各种特殊的数值方法被提出来解决 SABR 模型在零处的吸收边界. 然而,这些进展中没有一个给出了期权价格的(近似的)解析公式. 例如,Doust(2012)数值计算了远期价格击中零的概率. 在零处存在吸收/反射边界时,Hagan et al. (2015)分析了一种特殊情况下的模型,即相关系数为零. 他们还引入了正态的 SABR 模型,Balland and Tran(2013)对其进行了进一步的分析. Hagan et al. (2014)提出了一种数值方案来求解从 SABR 模型简化的吸收边界的偏微分方程. Gulisashvili et al. (2015)研究了在不相关的情况下击中零的概率,并进一步将其应用于交割价格较小时的隐含波动率. 与文献相比,本文首次推导了具有吸收边界的 SABR 模型的封闭近似,并分析了其精确阶数(accuracy order).

第二部分文献是关于持续监控的障碍期权的定价. 传统的分析方法往往基于标的模型的对称结构. Shreve(2004)和 Jiang(2005)应用"反射原理"或"图像方法",得到 Black-Scholes 模型下障碍期权的解析公式. Davydov & Linetsky(2001)以及 Linetsky(2007)开发了一种处理一般一维模型的谱方法. 这些文献中的所有一维扩散模型都具有一些对称性,因为它们的无穷小算子至少在形式上是自伴随(self-adjoint)的(参阅 Linetsky, 2007 的公式(3-2)). Kwok et al. (1998)利用多元 Black-Scholes 模型的对称结构,给出了多元 Black-Scholes 模型下障碍期权的解析公式.

第三部分是关于期权价格的渐近展开式,由于其效率和灵活性,在期权估值中很受欢迎. 一个著名的方法是基于 Watanabe(1987)提出的分析广义 Wiener 泛函的理论. 更多细节和参考资料,可以参考 Li(2013;2014)分别应用于统计推断和普通期权估值. 另一种基于偏微分方程摄动的有吸引力的方法可以用来找到普通和奇异期权的渐近公式. 例如,Fouque et al. (2000)和 Widdicks et al. (2005)对于普通期权的应用. 至于障碍期权, Howison & Steinberg(2007)和 Ilhan et al. (2004)分别利用 Black-Scholes 模型和快速均值回归随机波动率模型的对称结构推导了障碍期权的渐近公式.

在 SABR 模型下,无套利的普通看涨期权的定价与敲出边界为零的向下敲出看涨期权的定价(pricing a down-and-out call with a knock-out boundary at zero)是等价的. 然而,SABR 模型是不对称的,这使得前面提到的方法无效. 本章对于以往文献的贡献之处在于:提出了一种新的方法,通过变换组合来解决难以处理的问题.

本章的其余部分如下:在第二节中,我们提出了 SABR 模型和无套利期权定价问题的公式. 在第三节中,我们推导了近似无套利普通期权价格的解析公式. 在第四节中,我们通过期权价格和隐含波动率数值证明了公式的有效性. 本章在第五节进行总结. 相关的证明和推导收集在附录中.

二、SABR 模型及问题表述

(一) SABR 模型

考虑一个概率空间 $(\Omega, \mathcal{F}, \mathbb{P})$，其中 $\mathbb{P}$ 是 T -远期鞅测度（见 Musiela & Rutkowski，2004 的 9.6.2 节或 Shreve，2004 的 9.4 节）. 有两个基于此定义的独立的布朗运动 $\{B_t; 0 \leqslant t \leqslant T\}$ 和 $\{W_t; 0 \leqslant t \leqslant T\}$. 令 $\{\mathcal{F}_t^B; 0 \leqslant t \leqslant T\}$ 和 $\{\mathcal{F}_t^W; 0 \leqslant t \leqslant T\}$ 分别为两个布朗运动产生的信息流域（information filtration）. 定义 $\mathcal{F}_t = \mathcal{F}_t^B \otimes \mathcal{F}_t^W$. F_t 和 A_t 为标的资产在 t 时刻的远期价格和波动率，对于任意 $t \in [0, T]$. SABR 模型由下列随机微分方程（SDEs）表示：

$$\begin{cases} dF_t = A_t F_t^\beta [\sqrt{1-\rho^2}\, dB_t + \rho dW_t], \\ dA_t = \nu A_t dW_t, \end{cases} \tag{3-1}$$

其中 $\beta \in [0,1)$[①]，$\nu > 0$，$\rho \in (-1, 1)$. 初始点 F_0 和 A_0 都是正的. 参数 ν 被称为波动率的波动率，其在 SABR 模型的后续展开中起着重要作用. 很明显，这是一个局部随机波动率模型，其中远期价格 $F = \{F_t; 0 \leqslant t \leqslant T\}$ 遵循 CEV -型扩散过程，波动率动态 $A = \{A_t; 0 \leqslant t \leqslant T\}$ 由几何布朗运动给出.

---

① 若 $\beta = 1$，远期价格是一个对数正态过程，总是正的. 这一情况在本章中未被考虑.

过程 F 可以以正概率击中零. 反射边界是不合适的,因为它会导致套利机会:当 F 击中零时,我们可以以零成本购买远期,当它反射回正区域时,我们可以以利润出售远期. 为了避免套利机会,我们必须对原点处的 F 施加一个吸收边界条件;也就是说,如果 F 击中零,它就会一直保持在这里. 详细的讨论可以参考 Rebonato et al. (2009). 因此,我们对模型进行如下假设:

假设 1: 0 是过程 F 的一个吸收边界.

这个假设不仅保证了不存在套利机会,而且也保证了 SDE(1)的解的唯一性.

(二) 无套利期权定价问题的表达

在 T-远期测度下,衍生品的定价可以通过计算其收益的期望来实现(见,例如,Brigo and Mercurio,2006 的公式(3-20)). 因此,t 时刻无套利欧式期权价格 $V_h(t,f,a)$ 由以下条件期望给出:

$$V_h(t,f,a)=\mathbb{E}[h(F_T)\,|\,F_t=f,A_t=a], \tag{3-2}$$

其中 $h(\cdot)$ 是支付函数,可以是支付函数为 $h(f)=(f-K)^+$ 的看涨期权,也可以是 $h(f)=(K-f)^+$ 的看跌期权,K 为执行价格. 对应的期权价格分别为 $V_c(t,f,a)$ 和 $V_p(t,f,a)$. 令

$$\tau_t:=\min\{s\geqslant t:F_s=0\} \tag{3-3}$$

是过程 F 第一次击中下界 0,下面我们称之为障碍(barrier). 假设远期价格 F 在 t 时刻之前不为零,(3-2)可以改写为:

$$V_h(t,f,a)=\mathbb{E}[h(F_T)\mathbf{1}_{\{\tau_t>T\}}+h(0)\mathbf{1}_{\{\tau_t\leqslant T\}}\,|\,F_t=f,A_t=a].$$

具体来说,如果是看涨期权,即支付函数为 $h(f)=(f-K)^+$,则

$$V_c(t,f,a)=\mathbb{E}\big[(F_T-K)^+\mathbf{1}_{\{\tau_t>T\}}\,|\,F_t=f,A_t=a\big]. \qquad (3-4)$$

因此,在无套利的 SABR 模型下,对欧式看涨期权的定价,相当于对一个敲出边界为零的向下敲出看涨期权(down-and-out call option)的定价. 如果是看跌期权,那么

$$V_p(t,f,a)=\mathbb{E}\big[(K-F_T)^+\mathbf{1}_{\{\tau_t>T\}}\,|\,F_t=f,A_t=a\big]$$
$$+K\cdot\mathbb{E}\big[\mathbf{1}_{\{\tau_t\leqslant T\}}\,|\,F_t=f,A_t=a\big]. \qquad (3-5)$$

因此,看跌期权的定价本质上等同于折扣期权(rebate option)的定价. 折扣期权在远期价格为零时到期,此时,期权持有人将获得一定的溢价(金额为期权价格为零的概率). 在 Hagan et al. (2014)中也发现了相同的制定.

本章首先对无套利情况下的看涨期权的价格进行了近似推导,然后对看跌期权的价格进行了近似推导. 无套利欧式看涨期权价格 $V_c(t,f,a)$ 提供足够的光滑性,是具有边界和终值条件的反向 Kolmogorov PDE 的解. $V_c(t,f,a)$ 的 PDE 由下面的定理指定.

定理 3. 2. 1: 假设 $\varphi(t,f,a)$ 在 t 中可微,在 $[0,T]\times\mathbb{R}^+\times\mathbb{R}^+$ 内部关于 f 和 a 二次可微. $\varphi(t,f,a)$ 连续到边界,以 a 为界,最多在 f 中线性增长. 此外,对于 $t\in[0,T)$ 和 $f,a\in(0,+\infty)$,$\varphi(t,f,a)$ 满足以下反向 Kolmogorov PDE

$$\frac{\partial\varphi}{\partial t}+\frac{1}{2}\Big(a^2 f^{2\beta}\frac{\partial^2\varphi}{\partial f^2}+2\rho\nu a^2 f^{\beta}\frac{\partial^2\varphi}{\partial f\partial a}+\nu^2 a^2\frac{\partial^2\varphi}{\partial a^2}\Big)=0, \qquad (3-6)$$

边界与终值条件为

$$\varphi(t,0,a)=0,\varphi(T,f,a)=h(f). \qquad (3-7)$$

则,$\varphi(t,f,a)$ 允许如下随机表示:

$$\varphi(t,f,a)=\mathbb{E}\big[h(F_T)\mathbf{1}_{\{\tau_t>T\}}\,|\,F_t=f,A_t=a\big].$$

特别地,解是唯一的.

证明:见附录 A.

三、无套利期权定价问题的近似解

在本节中,我们将建立普通期权无套利价格的近似公式. 我们首先考虑看涨期权的定价问题,即在(3-7)中的支付函数固定为 $h(f)=(f-K)^+$ 时求解 PDE(6). 如本章第一节所示,对(3-6)的三次转换将问题转化为一个新的问题(3-19). 注意(3-19)中的首阶微分算子是一维 Bessel 过程中相应的无穷小算子. 当我们求解零阶近似时,这一特性导致了许多不易处理的问题. 更重要的是,通过利用 SBAR 模型的结构,我们使用的三个转换还确保,当我们根据总 vol-of-vol 和相关系数展开方程时,所有一阶项都消失了. 换句话说,我们在本节中获得的零阶近似实际上可以达到高阶精度,这为解释为什么我们的近似在数值实验中运行得很好提供了理论基础,如后面的章节所述. 我们在第 3.3 节推导出看跌期权价格的近似公式.

(一) 转换

如上所述,得出近似结论的关键是我们将在本小节中详细讨论的三个转换步骤. 我们首先缩放时间和状态变量(参考(3 - 8))来引入一个新的扰动参数,总 vol-of-vol. 然后,我们进行 Lamperti 变换(3 - 11)将波动系数单位化为 1. 这种运算得到了一个新的微分方程(3 - 13),它的首阶微分算子 $\mathcal{L}_0$ 是一维 Bessel 过程的无穷小算子. 最后,在初始(终值)条件下,我们使用均匀化过程去除总 vol-of-vol,完成了解析零阶近似的最后一步.

1. 缩放

在保持远期价格不变的情况下,我们重新调整时间和波动率变量,如下所示:

$$\tau = \frac{T-t}{T}, f = f, g = \frac{a}{\nu}. \tag{3-8}$$

设 $C_1(\tau, f, g)$ 为缩放后的看涨期权价格;也就是说,

$$C_1(\tau, f, g) := V_c(t, f, a) \equiv V_c(T(1-\tau), f, \nu g). \tag{3-9}$$

显然,函数 $V_c(t, f, a)$ 和函数 $C_1(\tau, f, g)$ 的导数应具有以下关系:

$$\frac{\partial V_c}{\partial t} = \left(-\frac{1}{T}\right)\frac{\partial C_1}{\partial \tau}, \frac{\partial V_c}{\partial a} = \frac{1}{\nu}\frac{\partial C_1}{\partial g}, \frac{\partial^2 V_c}{\partial a^2} = \frac{1}{\nu^2}\frac{\partial^2 C_1}{\partial g^2}, \frac{\partial^2 V_c}{\partial f \partial a} = \frac{1}{\nu}\frac{\partial^2 C_1}{\partial f \partial g}.$$

将上述导数代入 PDE(6),则(3 - 9)中的新函数 $C_1(\tau, f, g)$ 在新坐标 (τ, f, g) 下满足以下等式:

$$\frac{\partial C_1}{\partial \tau} = \frac{\epsilon^2}{2}\left(g^2 f^{2\beta}\frac{\partial^2 C_1}{\partial f^2} + 2\rho g^2 f^\beta \frac{\partial^2 C_1}{\partial f \partial g} + g^2 \frac{\partial^2 C_1}{\partial g^2}\right), C_1(\tau, 0, g) \tag{3-10}$$

$$= 0, C_1(0, f, g) = (f-K)^+.$$

注意(3 - 10)中出现了一个新的参数 $\epsilon = \nu \sqrt{T}$. 从现在起我们称它为总

vol-of-vol.

2. Lamperti 变换

Lamperti 变换是文献中将具有一般波动率系数的一维扩散过程转化为具有单位波动率系数(即扩散项系数为 1)的新扩散的一种标准方法. 作为本节的主要创新方法之一,我们将其应用于 SABR 模型中,一个二维扩散的例子. 定义新的坐标 (x,y) 如下所示:

$$x = \int_0^f \frac{du}{\epsilon u^\beta g} = \frac{f^{1-\beta}}{\epsilon(1-\beta)g}, y = g. \qquad (3\text{-}11)$$

应用它,可得

$$\begin{cases} \dfrac{\partial x}{\partial f} = \dfrac{1}{\epsilon f^\beta g}, \\[2mm] \dfrac{\partial x}{\partial g} = -\dfrac{x}{g}, \\[2mm] \dfrac{\partial^2 x}{\partial f^2} = -\dfrac{\beta}{\epsilon f^{1+\beta}g}, \\[2mm] \dfrac{\partial^2 x}{\partial f \partial g} = -\dfrac{1}{\epsilon f^\beta g^2}, \\[2mm] \dfrac{\partial^2 x}{\partial g^2} = \dfrac{2x}{g^2}; \end{cases}$$

$$\begin{cases} \dfrac{\partial}{\partial f} = \dfrac{\partial x}{\partial f} \dfrac{\partial}{\partial x}, \\[2mm] \dfrac{\partial^2}{\partial f^2} = \left(\dfrac{\partial x}{\partial f}\right)^2 \dfrac{\partial^2}{\partial x^2} + \dfrac{\partial^2 x}{\partial f^2} \dfrac{\partial}{\partial x}, \\[2mm] \dfrac{\partial}{\partial g} = \dfrac{\partial x}{\partial g} \dfrac{\partial}{\partial x} + \dfrac{\partial}{\partial y}, \\[2mm] \dfrac{\partial^2}{\partial g^2} = \left(\dfrac{\partial x}{\partial g}\right)^2 \dfrac{\partial^2}{\partial x^2} + 2\left(\dfrac{\partial x}{\partial g}\right)\dfrac{\partial^2}{\partial x \partial y} + \dfrac{\partial^2}{\partial y^2} + \dfrac{\partial^2 x}{\partial g^2}\dfrac{\partial}{\partial x}, \\[2mm] \dfrac{\partial^2}{\partial f \partial g} = \left(\dfrac{\partial x}{\partial f}\dfrac{\partial x}{\partial g}\right)\dfrac{\partial^2}{\partial x^2} + \left(\dfrac{\partial x}{\partial f}\right)\dfrac{\partial^2}{\partial x \partial y} + \dfrac{\partial^2 x}{\partial f \partial g}\dfrac{\partial}{\partial x}. \end{cases}$$

令 $C_2(\tau, x, y)$ 表示函数 $C_1(\tau, f, g)$ 在新坐标 (x, y) 下的变换;也就是说

$$C_2(\tau, x, y) := C_1(\tau, f, g) \equiv C_1(\tau, (\epsilon(1-\beta)xy)^{1/(1-\beta)}, y). \quad (3-12)$$

对于 $\tau \in (0, 1], x > 0$,简单计算表明,该变换将 C_1 的 PDE(10)改变为以下关于 C_2 的 PDE:

$$\mathcal{L}_0 C_2(\tau, x, y) = (\epsilon \rho \mathcal{L}_1 + \epsilon^2 \mathcal{L}_2) C_2(\tau, x, y), C_2(\tau, 0, y) \quad (3-13)$$
$$= 0, C_2(0, x, y) = ((\epsilon(1-\beta)xy)^{2\theta} - K)^+,$$

其中 $\theta = 1/(2(1-\beta))$,且

$$\mathcal{L}_0 = \frac{\partial}{\partial \tau} - \frac{1}{2}\frac{\partial^2}{\partial x^2} - \frac{1-2\theta}{2x}\frac{\partial}{\partial x}, \quad \mathcal{L}_1 = -x\frac{\partial^2}{\partial x^2} - \frac{\partial}{\partial x} + y\frac{\partial^2}{\partial x \partial y},$$

$$\mathcal{L}_2 = \frac{1}{2}x^2\frac{\partial^2}{\partial x^2} + x\frac{\partial}{\partial x} + \frac{1}{2}y^2\frac{\partial^2}{\partial y^2} - xy\frac{\partial^2}{\partial x \partial y}. \quad (3-14)$$

现在我们可以从初始-边界值问题(3-13)中清楚地看到这种变换在 SABR 模型下的优点. 首先,注意由于 $\beta \in [0, 1), \theta > 0$. 通过这个变换方程,我们成功地将 SABR 模型与著名的 Bessel 过程联系起来,因为首阶算子 $\mathcal{L}_0$

与后者的无穷小算子完全相同,其吸收边界为 0.[①]我们的零阶近似是基于
一系列的文献,这些文献围绕着如何显式地求解与 $\mathcal{L}_0$ 相关的初始—边界值
问题而发展起来的,见 Davydov & Linetsky(2001)和 Polyanin(2001). 与
已有的关于一维扩散模型的文献相比,SABR 模型由于是二维扩散模型而
存在技术障碍. 特别地,初始值 $C_2(0, x, y)$ 是一个非光滑函数,包含分数
阶. 这是我们将在下一小节中讨论的最后一个步骤. 第二,PDE(3-13)的
右边在任何 ϵ 和 ρ 中都不包含一阶项. 如 3.2 节所示,这个观察结果表明我
们的方法的近似误差将在 $O(\max(\epsilon^2, |\rho|\epsilon))$ 的量级.

据我们所知,引入这种特殊的 Lamperti 变换对 SABR 模型的研究也是
一种新方法. 先前的研究,如 Hagan et al. (2002)和 Doust(2012),经常使
用布朗运动的无穷小算子作为其展开的主要项. 与这些方法相比,数值实
验表明,我们的方法能获得更高的精度,特别是在零处存在吸收边界的情
况下.

3. 均质化(Homogenization)

为了克服初始值条件中分数阶的困难,我们在本小节中进一步采用均
质化步骤从 $C_2(0, x, y)$ 中去除 ϵ. 表示

$$k = \frac{K^{1-\beta}}{\epsilon(1-\beta)}. \tag{3-15}$$

则可得

---

① 一个特殊情况是 $\beta = 0$,其中 $\mathcal{L}_0$ 退化为相应的一维布朗运动的无穷小算子.

$$C_2(0,x,y)=((\epsilon(1-\beta)y\cdot x)^{2\theta}-(\epsilon(1-\beta)\cdot k)^{2\theta})^+ \tag{3-16}$$
$$=\gamma(\epsilon)((xy)^{2\theta}-k^{2\theta})^+,$$

其中

$$\gamma(\epsilon):=(\epsilon(1-\beta))^{2\theta}. \tag{3-17}$$

定义一个新的函数 $C(\tau,x,y)$，从函数 $C_2(\tau,x,y)$ 除以系数 $\gamma(\epsilon)$：

$$C(\tau,x,y):=\gamma^{-1}(\epsilon)C_2(\tau,x,y)\equiv(\epsilon(1-\beta))^{-2\theta}C_1(\tau,(\epsilon(1-\beta)xy)^{2\theta},y).$$
$$\tag{3-18}$$

由(13)可知，我们得出 $C(\tau,u,v)$ 满足下列方程：

$$\mathcal{L}_0C(\tau,x,y)=(\epsilon\rho\mathcal{L}_1+\epsilon^2\mathcal{L}_2)C(\tau,x,y),C(\tau,0,y) \tag{3-19}$$
$$=0,C(0,x,y)=((xy)^{2\theta}-k^{2\theta})^+,$$

式中，$\mathcal{L}_0,\mathcal{L}_1,\mathcal{L}_2$ 定义在式(3-14)中。注意，初始条件(见(3-19)的最后一个等式)不再包含总 vol-of-vol 的分数阶。

我们的方法不同于传统的奇异摄动(singular perturbation)方法。奇异摄动方法通过匹配渐近展开求解初边值问题(见例如 Kevorkian & Cole，1996；Widdicks et al.，2005)。我们的分析采用了一种全新的方法：结合 Lamperti 变换(3-11)和均质化(3-16)将原始的 PDE 变换为(3-19)，其中摄动参数只出现在方程本身中，既不在边界中，也不在初始条件中。

(二) 无套利看涨期权价格的近似解

到目前为止，我们已经通过三个变换在定价 PDE(19)中引入了两个摄动参数, ϵ 和 ρ. 为了得到它的近似解, 并受到 Fouque et al. (2003) 的启发, 我们在它们都是较小的独立参数的情况下进行了双渐近分析. 在下面的推导中, 我们选择先对 ϵ 展开, 然后再对 ρ 展开. 这种方法比逆序更方便, 逆序实际上会得到相同的结果.

考虑以下以 ϵ 的一次幂对方程 (3-19) 的解的展开:

$$C(\tau,x,y) = C_\rho^{(0)}(\tau,x,y) + \epsilon \cdot C_\rho^{(1)}(\tau,x,y) + O(\epsilon^2). \quad (3-20)$$

将 (3-20) 的 RHS 代入 Eq. (3-19), 比较常数项和 ϵ 项的系数, 我们发现首项 $C_\rho^{(0)}(\tau,x,y)$ 和一阶项 $C_\rho^{(1)}(\tau,x,y)$ 应分别满足

$$\mathcal{L}_0 C_\rho^{(0)}(\tau,x,y) = 0, C_\rho^{(0)}(\tau,0,y) = 0, C_\rho^{(0)}(0,x,y) = ((xy)^{2\theta} - k^{2\theta})^+,$$

$$(3-21)$$

和

$$\mathcal{L}_0 C_\rho^{(1)}(\tau,x,y) = \rho \mathcal{L}_1 C_\rho^{(0)}(\tau,x,y), C_\rho^{(1)}(\tau,0,y) = 0, C_\rho^{(1)}(0,x,y) = 0.$$

$$(3-22)$$

从 (3-21), 我们可以看出, $C_\rho^{(0)}(\tau,x,y)$ 确实与 ρ 无关. 此外, 注意到 $\mathcal{L}_0$ 为一维 Bessel 过程对应的无穷小算子, $C_\rho^{(0)}(\tau,x,y)$ 根据以下引理显式可解.

引理 3.3.1: 对于在 x 中表现出最多线性增长的所有连续函数 $f(\tau,x)$ 和 $g(x)$, 方程的解

$$\mathcal{L}_0 P(\tau,x) = \left(\frac{\partial}{\partial \tau} - \frac{1}{2} \frac{\partial^2}{\partial x^2} - \frac{1-2\theta}{2x} \frac{\partial}{\partial x} \right) P(\tau,x) = f(\tau,x),$$

$P(\tau,0) = 0$ 和 $P(0,x) = g(x)$ 可由下式计算

$$P(\tau,x) = \int_0^\tau \int_0^{+\infty} \Lambda(\tau-s,x,\xi) f(s,\xi) d\xi ds + \int_0^{+\infty} \Lambda(\tau,x,\xi) g(\xi) d\xi,$$

其中 $\Lambda(\tau, x, \xi)$ 由下式给出

$$\Lambda(\tau, x, \xi) = \frac{x^\theta \xi^{1-\theta}}{\tau} \exp\left(-\frac{x^2 + \xi^2}{2\tau}\right) I_\theta\left(\frac{x\xi}{\tau}\right), \qquad (3-23)$$

$I_\theta(z)$ 为修正的第一类 Bessel 函数,如下所示:

$$I_\theta(z) = \sum_{m=0}^{+\infty} \frac{(z/2)^{2m+\theta}}{m! \, \Gamma(1+m+\theta)}.$$

证明: 可以参考 Polyanin(2001)第 1.2 节或 Borodin and Salminen (2002)附录 I 第 21 节的内容.

引用前面的引理,详细的计算在附录 B 中,可得

$$C_\rho^{(0)}(\tau, x, y) = \int_0^{+\infty} \Lambda(\tau, x, \xi)((\xi y)^{2\theta} - k^{2\theta})^+ \, d\xi$$

$$= (xy)^{2\theta}\left(1 - Q\left(\frac{k^2}{\tau y^2}; 2\theta + 2, \frac{x^2}{\tau}\right)\right) - k^{2\theta} Q\left(\frac{x^2}{\tau}; 2\theta, \frac{k^2}{\tau y^2}\right).$$

$$(3-24)$$

其中

$$Q(x; \kappa, \lambda) = \int_0^x q(\xi; \kappa, y) \, d\xi$$

$$q(\xi; \kappa, y) = \frac{e^{-\xi + y/2}}{2}\left(\frac{\xi}{y}\right)^{\kappa - 2/4} I_{\kappa/2 - 1}(\sqrt{\xi y}). \qquad (3-25)$$

这里,$q(x; \kappa, y)$ 和 $Q(\xi; \kappa, y)$ 分别为非中心卡方分布(noncentral chi-square distribution)的密度分布函数和累积分布函数,非中心参数为 y,自由度 k.

然后,我们进一步将 $C_\rho^{(1)}(\tau, x, y)$ 关于 ρ 展开,即 $C_\rho^{(1)}(\tau, x, y) = C^{(1,0)}(\tau, x, y) + O(|\rho|)$,并将其 RHS 代入 Eq.(22). 通过匹配系数,我们可得 $C^{(1,0)}(\tau, x, y)$ 满足以下 PDE,根据引理 3.3.1 进一步表明 $C^{(1,0)}(\tau, x, y) = 0$:

$$\mathcal{L}_0 C^{(1,0)}(\tau,x,y)=0,\ C^{(1,0)}(\tau,0,y)=0,\ C^{(1,0)}(0,x,y)=0.$$

这意味着,我们实际上有 $C_\rho^{(1)}(\tau,x,y)=O(|\rho|)$. 因此,Eq.(19)的解可以写成

$$C(\tau,x,y)=C_\rho^{(0)}(\tau,x,y)+O(\epsilon\cdot\max(\epsilon,|\rho|)). \qquad (3-26)$$

根据上面的 $C_\rho^{(0)}(\tau,x,y)$ 的公式,我们可以得到原始坐标下看涨期权价格的近似公式. 回忆一下 $\theta=1/(2(1-\beta))$. 结合变换(3-8)、(3-11)和(3-15)以及每次变换后定义的函数(3-9)、(3-12)和(3-18),我们得到以下近似解 $\overline{V}_c(t,f,a)$ 在原始坐标下的无套利看涨期权价格:

$$\overline{V}_c(t,f,a)=f\cdot\left(1-Q\left(\frac{K^{2(1-\beta)}/(1-\beta)^2}{a^2(T-t)};\frac{3-2\beta}{1-\beta},\frac{f^{2(1-\beta)}/(1-\beta)^2}{a^2(T-t)}\right)\right)-K\cdot$$

$$Q\left(\frac{f^{2(1-\beta)}/(1-\beta)^2}{a^2(T-t)};\frac{1}{1-\beta},\frac{K^{2(1-\beta)}/(1-\beta)^2}{a^2(T-t)}\right). \qquad (3-27)$$

此外,由(3-18)和式(3-26),看涨期权价格的近似值如下:

$$V_c(t,f,a)=\overline{V}_c(t,f,a)+O(\epsilon^{\frac{2-\beta}{1-\beta}}\cdot\max(\epsilon,|\rho|)). \qquad (3-28)$$

(三)无套利看跌期权价格的近似解

令 $\varphi_p(t,f,a)$ 和 $H(t,f,a)$ 为向下敲出看跌期权价格和远期价格击中零的概率,由下式给出

$$\varphi_p(t,f,a)=\mathbb{E}\big[(K-F_T)^+\mathbf{1}_{\{\tau_t>T\}}\,|\,F_t=f,A_t=a\big],$$

$$H(t,f,a)=\mathbb{E}\big[\mathbf{1}_{\{\tau_t\leqslant T\}}\,|\,F_t=f,A_t=a\big]. \qquad (3-29)$$

因此由(3-5),无套利看跌期权价格为

$$V_p(t,f,a) = \varphi_p(t,f,a) + K \cdot H(t,f,a). \qquad (3-30)$$

模仿 3.1 节和 3.2 节的步骤,我们可以推导出下跌看跌期权价格的近似公式. 唯一的区别是,在 PDE(10) 中,支付函数是 $h(f) = (K-f)^+$ 而不是 $(f-K)^+$. 相似地,$\varphi_p(t,f,a)$ 也可以通过以下 $\overline{\varphi}_p(t,f,a)$ 近似.(推导的草稿见附录 C)

$$\varphi_p(t,f,a) = \overline{\varphi}_p(t,f,a) + O\left(\epsilon^{\frac{2-\beta}{1-\beta}} \cdot \max(\epsilon, |\rho|)\right),$$

$$\overline{\varphi}_p(t,f,a) = K \cdot \left(1 - Q\left(\frac{f^{2(1-\beta)}/(1-\beta)^2}{a^2(T-t)}; \frac{1}{1-\beta}, \frac{K^{2(1-\beta)}/(1-\beta)^2}{a^2(T-t)}\right)\right)$$

$$- f \cdot Q\left(\frac{K^{2(1-\beta)}/(1-\beta)^2}{a^2(T-t)}; \frac{3-2\beta}{1-\beta}, \frac{f^{2(1-\beta)}/(1-\beta)^2}{a^2(T-t)}\right).$$

$$(3-31)$$

此外,根据 Yang and Wan(2016)的定理 4.5 及其证明,(29) 中 $H(t,f,a)$ 击中 0 的概率有如下表示:

$$H(t,f,a) = \frac{1}{\Gamma(\theta)} \Gamma\left(\theta, \frac{f^{2(1-\beta)}/(1-\beta)^2}{\epsilon^2(a/\nu)^2(1-t/T)}\right) + O(\epsilon \cdot \max(\epsilon, |\rho|)),$$

$$(3-32)$$

其中 $\Gamma(\theta, z) = \int_z^\infty e^{-x} x^{\theta-1} dx$ 和 $\Gamma(\theta) = \Gamma(\theta, 0)$ 分别是上不完全 gamma 和 gamma 函数. 注意(3-32)右边的第一项比 ϵ 的任何多项式阶收敛得都快. 因此,根据公式(3-30)、(3-31)和(3-32),可以用 $\overline{\varphi}_p(t,f,a)$ 近似不存在套利的看跌期权价格,如下所示:

$$V_p(t,f,a) = \overline{\varphi}_p(t,f,a) + O(\epsilon \cdot \max(\epsilon, |\rho|)). \qquad (3-33)$$

我们可以将上述结果归纳为下列定理.

定理 3.3.2: 在假设 1 下,无套利的看涨期权和看跌期权的价格,即

$V_c(t, f, a)$ 和 $V_p(t, f, a)$，可以分别展开为（3 - 28）和（3 - 33）.

请注意（3 - 27）和式（3 - 31）中的近似公式包含了非中心卡方分布函数，可以非常快速地求值，因此可以应用于真实交易. 实现非中心卡方分布函数的有效算法有很多. 可以参考 Dyrting（2004）和 Larguinho et al.（2013），他们讨论了不同方法的速度和准确性之间的权衡. 他们都为各种方法的性能提供了全面的文献综述和详细的数值测试. 为了方便和完整，我们还在附录 D 中详细介绍和测试了一些方法. 在数值实验中，我们直接使用 Matlab 中的库函数"ncx2cdf"来说明我们的公式的有效性.

四、数值实验

本节验证了我们的近似公式（3 - 27）和（3 - 31）对于无套利的看涨期权和看跌期权的准确性和有效性. 对于公式（3 - 27），研究的是隐含波动率而不是期权价格，因为隐含波动率在实践中是直接建模的. 看跌期权价格的近似公式（3 - 31）被直接检验. 所有数值实验的代码都是用 Matlab R2013a 编写的，并在 Intel(R)Core(TM)2 Quad CPU Q9400@2. 66GHZ 的 PC 机上实现.

我们比较了三种方法计算的隐含波动率的表现：Hagan et al.（2002）提供的封闭形式公式、本研究的看涨期权价格近似公式（3 - 27）和 Monte Carlo 模拟. 首先，Hagan et al.（2002）的隐含波动率是由他们的公式直接计算出来的. 其次，我们先用（3 - 27）计算看涨期权的价格，然后通过数值反演期权价格来获得隐含波动率. 通过(3-27)的期权价格和隐含波动率的计算分别由 Maltab 中的两个库函数 $'ncx2cdf'$ 和 $'blsimpv'$ 完成. 这样的计算平均一次只需要几毫秒. 第三,利用 Euler 离散化进行 Monte Carlo 模拟,得到基于(3-4)的无套利看涨期权价格,然后我们还将期权价格与隐含波动率进行了数值反演. 为了监测零点处的吸收边界,模拟样本数量为 100 万,时间步长为每年 25 200,这在整节都适用.

这些方法的性能可以从三个方面进行研究. 我们计算了不同水平的交割价格、vol-of-vol 和相关系数的隐含波动率. 我们首先在图 3-1 中画出三种方法的交割价格产生的隐含波动率,分别对应不同 vol-of-vol、相关系数、初始波动率和 beta(即(3-1)中的参数 β). 实线表示"MC",是 Monte Carlo 模拟产生的隐含波动率. 点虚线表示"HKLW",是根据 Hagan et al. (2002)的隐含波动率公式绘制的. 短划线表示"This paper",由式(3-27)生成. 第二,我们绘制公式(3-27)和 Hagan et al. (2002)相对于图 5 中 Monte Carlo 模拟(基准)的误差,当 vol-of-vol 在 0.1 和 4 之间变化时,提供了四个期限"1/12,1/4,1/2,1". 点虚线和短划线分别由 Hagan et al. (2002)和公式(3-27)绘制. 每一行有 40 个点. 相对误差定义为"相对误差 $=\dfrac{|Method-MC|}{MC}$",其中"Method"为"HKLW"或"This paper". 第三,当相关系数从"-0.1"变化到"-0.9"时,我们绘制了图 3-6 中的相对误差. 其他设置的其余部分与图 3-5 所示类似.

图 3-1 画出了在其他参数不同组合下的隐含波动率. 图 3-1 的左右两幅图分别对应的 vol-of-vol 相对较小,vol-of-vol 相对较大,而两幅图的其他参数值相同. 对于两个水平的 vol-of-vol,公式(3-27)产生的隐含波动率非常接近基准(Monte Carlo 模拟),而 Hagan et al. (2002)的隐含波动率

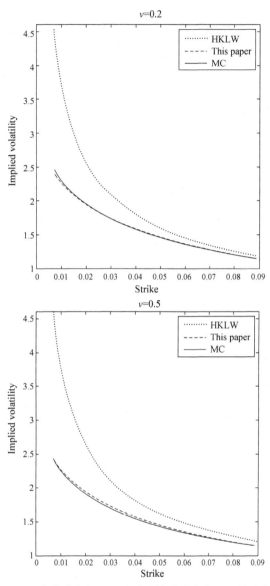

图 3 - 1 隐含波动率与不同波动率的波动率水平下的交割价格

注:点虚线(dotted)、实线和短划线(dashed lines)分别表示 Hagan et al. (2002)公式、Monte Carlo 模拟和公式(3 - 27)产生的隐含波动率. 在上边的图中,波动率 ν= 0. 2,而在下边的图中,波动率 ν=0. 5. 其余的参数是 f=0. 05,T=1,a=0. 1,β=0. 1, ρ=0.

随着交割价格的降低而偏离基准. 对于较小的交割价格,偏差变得相当大. 图 3-2 中也出现了类似的情况,上、下两幅图的相关系数分别为较小和较大.

在图 3-3 中,左右两幅图的初始波动率分别较小和较大. Hagan et al. (2002)的隐含波动率与基准不一致. 对于公式(3-27),当交割价格变得非常小时,它的性能也可能变得与基准不一致. 但我们的公式(3-27)的总体性能优于 Hagan et al. (2002).

对于图 3-4 的上图,当 beta 值很小($\beta=0.2$)时,我们的结果几乎与基准重合. 相比之下,Hagan et al. (2002)的隐含波动率与基准之间的距离不能被忽视. 在图 3-4 的下图中,beta 较大($\beta=0.5$),三种方法产生的隐含波动率在大多数交割价格下都是一致的. 然而,对于极小的交割价格,公式(3-27)和 Hagan et al. (2002)的隐含波动率几乎相同,且略大于基准.

图 3-5 显示了总 vol-of-vol($\epsilon=\nu\sqrt{T}$)对公式(3-27)有效性发影响. 对一个给定的到期时间($T=1/12,1/4,1/2,1$),每幅图绘制了当 vol-of-vol 从 0.1 变化到 4 时,公式(3-27)和 Hagan et al. (2002)产生的相对误差. 总 vol-of-vol 的大小而不是 vol-of-vol 决定了近似的有效区域. 具体而言,公式(3-27)在如下情况下的相对误差均小于 1%:(i) $T=1/12$ 且$\epsilon\leqslant$ 0.37,(ii) $T=1/4$ 且$\epsilon\leqslant1$,(iii) $T=1/2$ 且$\epsilon\leqslant0.35$,(iv) $T=1$ 且$\epsilon\leqslant0.2$. 将公差水平提高到 5%,则公式(3-27)适用于:(i) $T=1/12$ 且$\epsilon\leqslant1.13$, (ii) $T=1/4$ 且$\epsilon\leqslant1.55$,(iii) $T=1/2$ 且$\epsilon\leqslant0.98$,(iv) $T=1$ 且$\epsilon\leqslant0.6$. 此外,从图 3-5 中还可以看出,期限越小,近似有效的总 vol-of-vol 越大. 相比之下,Hagan et al. (2002)在 $T=1$ 时的相对误差大于 5%,在 $T=1/2$ 时的相对误差大于 1%. 最后三幅图表明,我们的公式(3-27)总是优于 Hagan et al. (2002)的公式. 值得注意的是,当 vol-of-vol 变得非常大时,两种方法在 $T=1/4,1/2,1$ 时都产生有偏的结果.

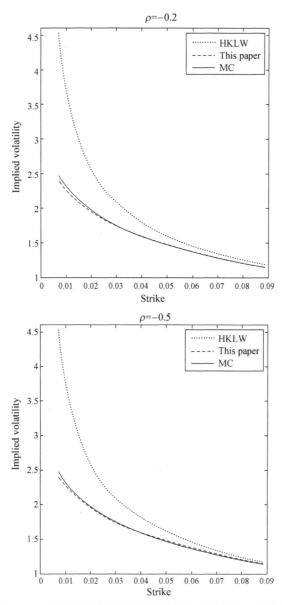

图 3 - 2 隐含波动率与不同程度的相关系数下的交割价格

注:虚线、实线和短划线分别表示 Hagan et al.(2002)公式、Monte Carlo 模拟和公式(3 - 27)产生的隐含波动率. 在上边的图中,相关系数是 $\rho=0.2$,而在下边的图中, $\rho=0.5$. 其余的参数是 $f=0.05, T=1, a=0.1, \beta=0.1, \nu=0.1$.

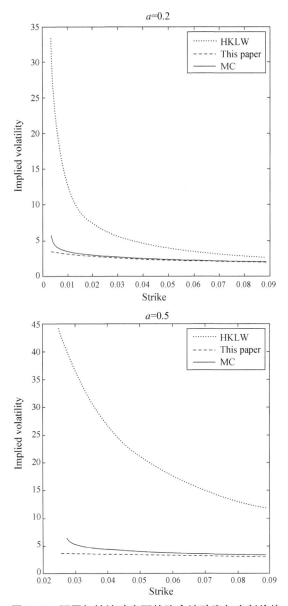

图 3-3 不同初始波动率下的隐含波动率与交割价格

注：虚线、实线和短划线分别表示 Hagan et al. (2002)公式、Monte Carlo 模拟和公式(3-27)产生的隐含波动率. 在上图中，初始波动率为 $a=0.2$，而在下图中，初始波动率为 $a=0.5$. 其余的参数是 $f=0.05, T=1, \beta=0.1, \rho=0, \nu=0.1$.

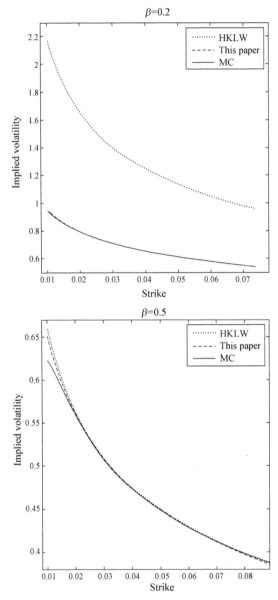

图 3 - 4　不同 Beta 系数下的隐含波动率与交割价格

　　注:虚线、实线和短划线分别表示 Hagan et al. (2002)公式、Monte Carlo 模拟和公式(3 - 27)产生的隐含波动率. 上图中 CEV 部分 Beta 的指数为 $\beta=0.2$,下图中 $\beta=0.5$. 其余的参数是 $f=0.05, T=1, a=0.1, \rho=0, \nu=0.1$.

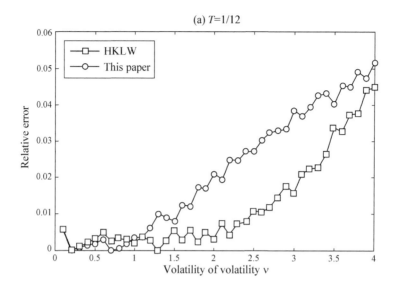

(a) $T=1/12$

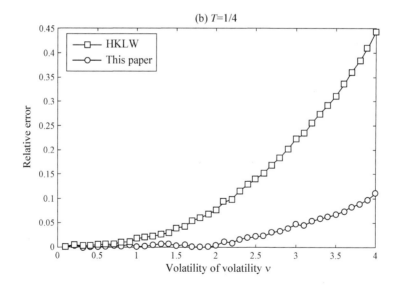

(b) $T=1/4$

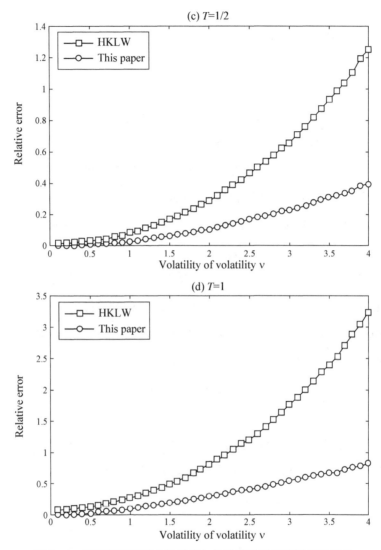

图 3 - 5　不同期限下隐含波动率与波动率的波动率的相对误差

注："HKLW"为 Hagan et al. (2002)的相对误差,用带方块的虚线表示."This paper"为式(3 - 27)的相对误差,即带圆的虚线. 相对误差定义为"相对误差＝$\frac{|Method-MC|}{MC}$",其中"Method"为"HKLW"或"This paper". 参数值是 $f＝0.05, a＝0.1, \beta＝0.1, \rho＝-0.2, K＝0.05$.

图 3-6 研究了相关系数 ρ 如何影响近似的准确性. 同样, 对于给定的到期时间, 随着相关系数在 -0.9 到 -0.1 之间变化, 每幅图绘制出公式 $(3-27)$ 和 Hagan et al. (2002) 的相对误差. 对于相关系数和到期时间的所有组合, 公式 $(3-27)$ 的相对误差均小于 1%. 然而, Hagan et al. (2002) 的封闭式公式导致了更显著的相对误差甚至有偏的结果. 具体来说, Hagan et al. (2002) 公式的相对误差为 (i) $T=1/12, 1/4$ 时小于 1%; (ii) $T=1/2$ 时约 $2\% \sim 5\%$; (iii) $T=1$ 时的 $9\% \sim 10\%$. 对于较短期限 ($T=1/12, 1/4$), 这两种方法都很好. 尽管如此, 对于相对较长的期限 ($T=1/2, 1$), 公式 $(3-27)$ 的性能比 Hagan et al. (2002) 在这种情况下的不同相关系数要好得多.

为了检验公式 $(3-31)$ 的有效性, 我们用它来计算看跌期权价格, 并与 Hagan et al. (2002) 和 Monte Carlo 模拟 (基准) 的结果进行比较. 无套利的看跌期权价格的 Monte Carlo 模拟是基于公式 $(3-5)$, 因此远期价格达到零的概率被跟踪. 我们分别在图 3-7、图 3-8 和图 3-9 中检查了不同方法对 vol-of-vol、相关系数和交割价格产生的相对误差.

对于每个给定的期限, 图 3-7 绘制了看跌期权价格的相对误差, 其定义类似于隐含波动率, 相对于每幅图中的 vol-of-vol. 假设相对误差小于 1%, 当 $T=1/12$、$1/4$、$1/2$、1 四种期限, ϵ 分别小于 0.46、0.75、0.35、0.1 时, 公式 $(3-31)$ 是有效的. 如果相对误差小于 5%, 则公式 $(3-31)$ 分别在小于 1.15、1.3、0.71、0.5 时有效. 对于 $T=1$ 和 $1/2$, Hagan et al. (2002) 的看跌期权价格的相对误差总是分别大于 5% 和 1%. 虽然对于特别大的 vol-of-vol, 两种方法在 $T=1/4, 1/2, 1$ 时可能会有偏差, 但四幅图都表明公式 $(3-31)$ 的性能优于 Hagan et al. (2002).

图 3-8 显示了在 -0.9 和 -0.1 之间的相关系数对每种方法性能的影

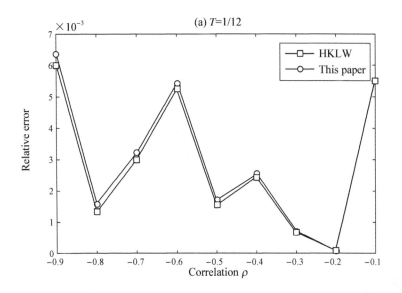

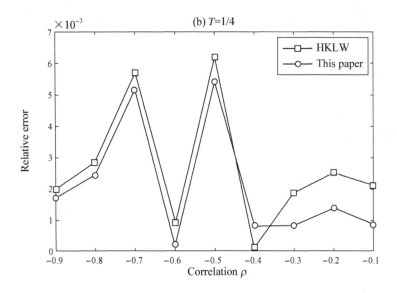

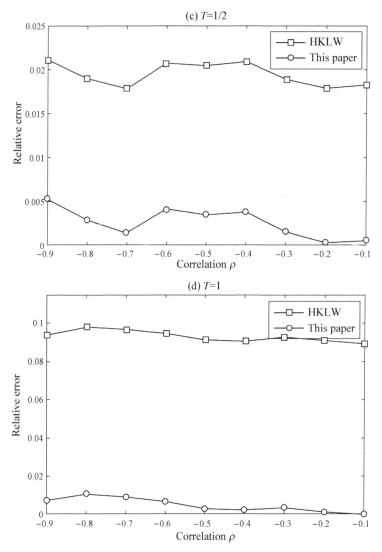

图 3 - 6　不同期限下隐含波动率与相关系数的相对误差

注:"HKLW"为 Hagan et al.(2002)的相对误差,用带方块的虚线表示."This paper"为式(3 - 27)的相对误差,即带圆的虚线. 相对误差定义为"相对误差 = $\dfrac{|Method-MC|}{MC}$",其中"Method"为"HKLW"或"This paper". 参数值是 $f=0.05,a=0.1,\beta=0.1,\nu=0.1,K=0.05$.

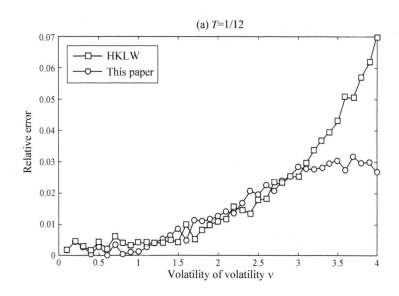

(a) $T=1/12$

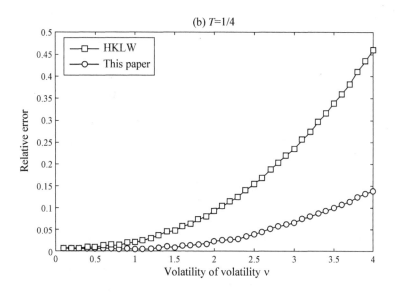

(b) $T=1/4$

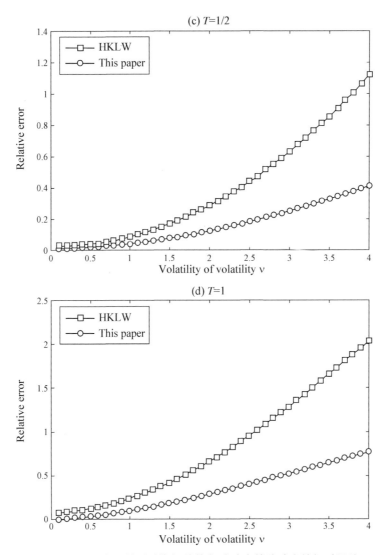

图 3 - 7 不同期限的看跌期权价格与波动率的波动率的相对误差

注:"HKLW"为 Hagan et al.(2002)的相对误差,用带方块的虚线表示. "This paper"为式(3 - 31)的相对误差,即带圆的虚线. 相对误差定义为"相对误差=$\frac{|Method-MC|}{MC}$",其中"Method"为"HKLW"或"This paper". 参数值是 $f=0.05, a=0.1, \beta=0.1, \nu=0.1, K=0.05$.

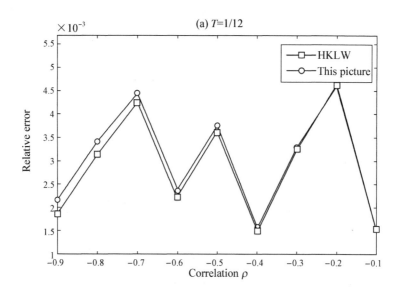

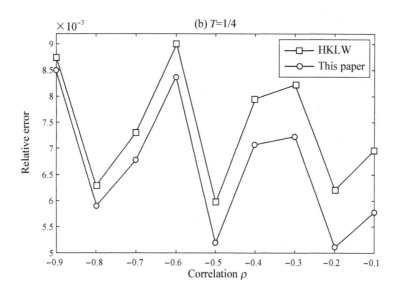

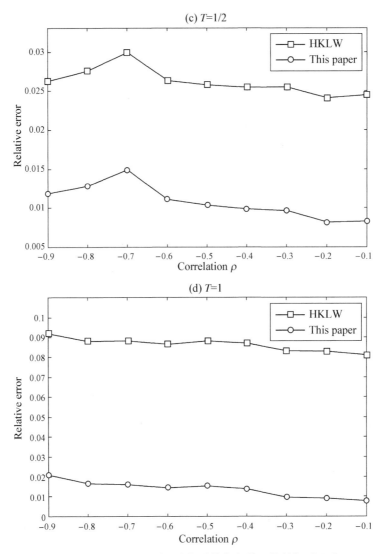

图 3-8 不同期限下看跌期权价格与相关系数的相对误差

注:"HKLW"为 Hagan et al.(2002)的相对误差,用带方块的虚线表示."This paper"为式(3-31)的相对误差,即带圆的虚线. 相对误差定义为"相对误差 = $\frac{|Method-MC|}{MC}$",其中"Method"为"HKLW"或"This paper". 参数值是 $f=0.05,a=0.1,\beta=0.1,\nu=0.1,K=0.05$.

响. 由式(3-31)得到的相对误差对相关系数的变化不敏感,因为它们在四种期限下都小于 2%. 这一观察也从数值上证实了相关系数的影响是不显著的. 相反,Hagan et al.(2002)在 $T=1$ 时具有不利的相对误差(8%~9%). 图 3-9 绘制了每张图相对于执行价格的相对误差. 与基准相比,公式(3-31)的性能明显优于 Hagan et al.(2002). 相比之下,对于非常小的交割价格,Hagan et al.(2002)导致了对所有四个期限的显著有偏结果.

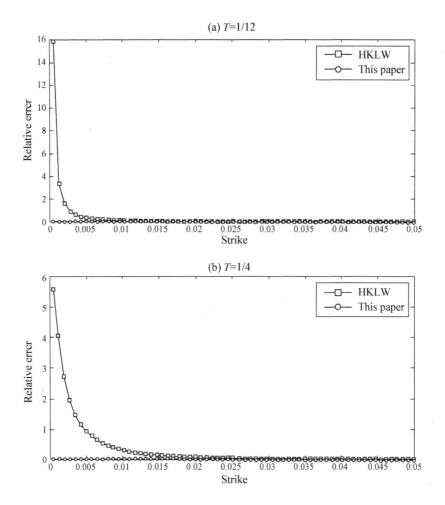

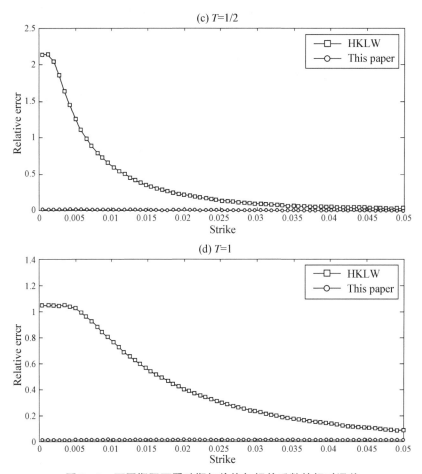

图 3 - 9   不同期限下看跌期权价格与相关系数的相对误差

注:"HKLW"为 Hagan et al. (2002)的相对误差,用带方块的虚线表示. "This paper"为式(3 - 31)的相对误差,即带圆的虚线. 相对误差定义为"相对误差 = $\frac{|Method-MC|}{MC}$",其中"Method"为"HKLW"或"This paper". 参数值是 $f=0.05, a=0.1, \beta=0.1, \rho=-0.2, \nu=0.2$.

此外,表3-1给出了基于公式(3-27)和公式(3-31)的 1 年至 25 年的超大期限无套利期权价格的表现. 公式(3-27)的看涨期权价格相对于

Monte Carlo 模拟的误差在所有期限内都小于 1%. 从公式(3-31)开始的
看跌价格的相对误差均小于 1.4%. 因此,至少对于这组参数,公式(3-27)
和公式(3-31)对于非常长的期限是有效的,这可以归因于我们的近似的准
确性是由 vol-of-vol 和期限的乘积共同决定的,即总 vol-of-vol. 在本例中,
总 vol-of-vol 的范围为 0.1 到 0.5.

表 3-1　较长期限下的相对误差

T	1	2	3	4	5	10	15	20	25
R. E. of (27)	0.31%	0.07%	0.16%	0.05%	0.27%	0.01%	0.46%	0.94%	0.92%
R. E. of (31)	0.96%	1.00%	1.11%	1.08%	1.13%	1.28%	1.25%	1.40%	1.35%

　　注:第一行是不同期限的值. 第二行是由式(3-27)得到的看涨期权价格的相对误
差. 第三行是由式(3-31)得到的看跌期权价格的相对误差. 其余的参数是 $\rho=-0.2, f$
$=0.05, a=0.1, \beta=0.1, \nu=0.1$ 和 $K=0.05$.

　　总之,对于较小的总 vol-of-vol,用我们的近似公式的总体性能与基准
(Monte Carlo 模拟)相比较. 首先,对于我们测试过的几乎所有级别的交割
价格、vol-of-vol 和相关系数,我们的公式(3-27)和公式(3-31)的性能优
于 Hagan et al. (2002). 其次,几乎所有的交割价格都是在不同其他的参数
组合的情况下进行的,我们的公式(3-27)和(31)产生的结果与基准相当.
而 Hagan et al. (2002)经常导致不令人满意的结果,特别是交割价格较小
时. 第三,vol-of-vol 和期限,即总 vol-of-vol,共同确定近似的有效区域. 具
体来说,与基准测试相比,当总 vol-of-vol 较小时,我们的公式的性能相当
好. 然而,我们和 Hagan et al. (2002)的公式都产生了较大的总 vol-of-vol
的有偏差的结果. 最后,公式(3-27)和公式(3-31)在不同的相关系数上
表现得相当好,这证明了一个事实,即仅与展开中的相关系数有关的高阶项

为零. 当期限为一年时, Hagan et al. (2002)可能会由于不同的相关系数而导致不利的结果.

五、结论

SABR 模型在实践中得到了广泛的应用, 成为利率市场和外汇市场的基准模型. 然而, 在 SABR 模型下, 无套利普通期权的定价公式仍然未知. 本章在 SABR 模型下, 推导了普通期权价格的显式近似公式. 我们的公式有几个吸引人的特点. 首先, 它们是无套利的, 因为我们允许在 0 处有一个吸收边界. 其次, 它们很容易实现. 我们既可以使用大多数数值软件包的库函数, 也可以使用一些有效的算法来快速地计算, 尽管它们涉及非中心卡方分布函数. 再次, 解析公式可以得到快速有效的数值结果, 从而可以应用于实时交易隐含波动率的计算. 最后, 大量的数值实验证明了我们的近似公式的有效性, 特别是当总 vol-of-vol 很小时.

附录 A　定理 3.2.1 的证明

首先,(3-1)中定义的随机过程(F,A)存在一个解,见 Hobson(2010)的定理 3.1. 设 $S_n=\inf\{t>0:F_t^2+A_t^2\geqslant n^2\}$ 和 $\tau_n=\inf\left\{s>t:F_s\leqslant\dfrac{1}{n}\right\}$. 显然,当 $n\to+\infty$ 时,τ_n 的极限为 τ_t(见(3-3)). 对 $\varphi(t,F_t,A_t)$ 应用 Itô 公式,并回顾 $\varphi(t,f,a)$ 的 PDE(6),我们有

$$\varphi(T\wedge\tau_n\wedge S_n,F_{T\wedge\tau_n\wedge S_n},A_{T\wedge\tau_n\wedge S_n})$$

$$=\varphi(t,F_t,A_t)+\int_t^{T\wedge\tau_n\wedge S_n}\frac{\partial\varphi}{\partial f}dF'_t+\int_t^{T\wedge\tau_n\wedge S_n}\frac{\partial\varphi}{\partial a}dA'_t.$$

两边都取期望,得到的随机积分的期望值为零. 因此我们有

$$\varphi(t,f,a)=\mathbb{E}[\varphi(T\wedge\tau_n\wedge S_n,F_{T\wedge\tau_n\wedge S_n},A_{T\wedge\tau_n\wedge S_n})\mid F_t=f,A_t=a].$$

请注意,$|\varphi(t,f,a)|<C(1+|f|)$,其中 C 是一个正常数. 此外,Andersen and Piterbarg(2007)的命题 5.1 指出,过程 F 具有有限矩,如 $\mathbb{E}[|F_t|]<+\infty$. 回想一下(7)中的 $\varphi(t,f,a)$ 的边界和终值条件. 当 $n\to+\infty$ 时,根据控制收敛定理,我们得到

$$\varphi(t,f,a)=\mathbb{E}[h(F_T)\mathbf{1}_{\{\tau_t>T\}}\mid F_t=f,A_t=a].$$

最后,解的唯一性是上述随机表示取 $h(f)\equiv0$ 的直接结果. 证明完毕.

附录 B 公式(3-24)的计算

由(3-23)中的 $\Lambda(\tau, u, \xi)$ 和(3-25)中的 $q(\xi; \kappa, y)$，下面的关系成立

$$\Lambda(\tau, x, \xi) = \frac{2\xi}{\tau} \cdot q\left(\frac{x^2}{\tau}; 2\theta+2, \frac{\xi^2}{\tau}\right) = \frac{x^{2\theta}}{\xi^{2\theta}} \frac{2\xi}{\tau} \cdot q\left(\frac{\xi^2}{\tau}; 2\theta+2, \frac{x^2}{\tau}\right). \quad \text{(B.1)}$$

设 $A_1 = y^{2\theta} \int_{k/y}^{\infty} \Lambda(\tau, x, \xi) \xi^{2\theta} d\xi$ 和 $A_2 = k^{2\theta} \int_{k/y}^{\infty} \Lambda(\tau, x, \xi) d\xi$. 则，

$$C^{(0)}(\tau, x, y) = \int_0^{+\infty} \Lambda(\tau, x, \xi)((\xi y)^{2\theta} - k^{2\theta})^+ d\xi = A_1 - A_2, \quad \text{(B.2)}$$

利用(B.1)中的等式，我们可以将 A_1 和 A_2 重写如下：

$$A_1 = x^{2\theta} y^{2\theta} \int_{\frac{k^2}{\tau y^2}}^{\infty} q\left(z; 2\theta+2, \frac{x^2}{\tau}\right) dz, A_2 = k^{2\theta} \int_{\frac{k^2}{\tau y^2}}^{\infty} q\left(\frac{x^2}{\tau}; 2\theta+2, z\right) dz.$$

回顾定义在(3-25)中的非中心卡方分布函数 $Q(x; k, y)$，我们有

$$A_1 = (xy)^{2\theta}\left(1 - Q\left(\frac{k^2}{\tau y^2}; 2\theta+2, \frac{x^2}{\tau}\right)\right). \quad \text{(B.3)}$$

注意以下等式成立(见，例如，Schroder，1989；Lesniewski，2009)，

$$\int_x^{+\infty} q(z; \kappa, y) dz + \int_y^{+\infty} q(x; \kappa+2, z) dz = 1.$$

那么 A_2 的显式公式如下：

$$A_2 = k^{2\theta} Q\left(\frac{x^2}{\tau}; 2\theta, \frac{k^2}{\tau y^2}\right). \quad \text{(B.4)}$$

由 A_1 的公式（B. 3），A_2 的（B. 4），和（B. 2），我们得到（3－24）中的 $C^{(0)}(\tau,x,y)$.

附录 C　公式(3－31)的推导

模仿式（3－27）的推导，推导出看跌期权（3－31）中的近似公式有四步. 我们首先定义一个函数 $P_1(\tau,f,g)$ 为（3－8）所示的缩放调整后的看跌期权价格，此时 $P_1(\tau,f,g) := \varphi_p(t,f,a) \equiv \varphi_p(T(1-\tau),f,\nu g)$，且 $P_1(\tau,f,g)$ 满足 PDE(10)，有相同的边界条件，不同的初始条件 $P_1(0,f,g) = (K-f)^+$.

第二，在进行 Lamperti 变换（3－11）后，定义一个新函数 $P_2(\tau,x,y) := P_1(\tau,f,g) \equiv P_1(\tau,(\epsilon(1-\beta)xy)^{1/(1-\beta)},y)$. 此外，$P_2(\tau,x,y)$ 满足（3－13）中的 PDE，且边界条件相同，初始条件不同 $P_2(0,x,y) = (k-(\epsilon(1-\beta)xy)^{2\theta})^+$. 第三，均质化（3－18）使我们可以得到一个没有摄动参数的初值. 因此，新函数为 $P(\tau,x,y) := (\epsilon(1-\beta))^{-2\theta}P_2(\tau,x,y) \equiv (\epsilon(1-\beta))^{-2\theta}P_1(\tau,(\epsilon(1-\beta)xy)^{2\theta},y)$. 同样，$P(\tau,x,y)$ 满足（3－19）中的 PDE，其边界条件相同，初始条件不同 $P(0,x,y) = (k-(xy)^{2\theta})^+$.

最后，我们可以展开 $P(\tau,x,y)$ 首先关于 ϵ 展开，然后关于 P 展开. 那么，首阶项 $P_p^{(0)}(\tau,x,y)$ 满足（3－21）中的 PDE，初始条件不同 $P_p^{(0)}(0,x,y) = (k-(xy)^{2\theta})^+$，且边界条件相同时. 而且，一阶项和高阶项相对于相关系数也是零. 使用与第 3.2 节类似的参数，我们有

$$P(\tau,x,y)=P_\rho^{(0)}(\tau,x,y)+O(\epsilon \cdot \max(\epsilon,|\rho|)),$$

$$P^{(0)}(\tau,x,y)=k^{2\theta}\left(1-Q\left(\frac{x^2}{\tau};2\theta,\frac{k^2}{\tau y^2}\right)\right)-(xy)^{2\theta}Q\left(\frac{k^2}{\tau y^2};2\theta+2,\frac{x^2}{\tau}\right).$$

与上面的过程相反,我们可以看到(3-31)中的 $\overline{\varphi}_p(t,f,a)$ 给出了原始坐标下的向下敲出看跌期权价格的近似公式.

附录 D　非中心卡方分布计算的分解

非中心卡方分布的计算在文献中有很好的记载,因为这种分布在金融和统计中被广泛使用. 计算非中心卡方分布的两种主要方法是 gamma 级数法和解析逼近法. 其他典型的方法包括 Temme(1993)的渐近展开法和 Dyrting(2004)的 Bessel 级数法. 这个分布函数可以通过 Mathlab & Mathematica 等软件轻松实现. 可以参考 Dyrting(2004) & Larguinho et al.(2013)对各种方法的性能进行了全面的文献综述和详细的数值测试. 然后我们提供 gamma 级数方法和解析近似的细节.

D1. gamma 级数法

非中心卡方分布的累积和互补分布函数,即 $Q(x;\kappa,y)$ 和 $Q^c(x;\kappa,y)$ 可以表示为一系列的不完全函数(见如, Ding, 1992; Dyrting, 2004;

Larguinho et al.，2013；Schroder，1989)

$$Q(x;\kappa,y) = \sum_{i=0}^{\infty} \frac{(y/2)^i e^{-y/2}}{i!} \frac{\gamma\left(\frac{\kappa}{2}+i, x/2\right)}{\Gamma(\kappa/2+i)}, Q^c(x;\kappa,y) \qquad \text{(D.1)}$$

$$= \sum_{i=0}^{\infty} \frac{(y/2)^i e^{-y/2}}{i!} \frac{\Gamma(\kappa/2+i, x/2)}{\Gamma(\kappa/2+i)},$$

其中 $\Gamma(\kappa) = \int_0^{\infty} \xi^{\kappa-1} e^{-\xi} d\xi, \gamma(\kappa,x) = \int_0^{x} \xi^{\kappa-1} e^{-\xi} d\xi$ 和 $\Gamma(\kappa,x) = \Gamma(\kappa) - \gamma(\kappa,x)$ 为 gamma，下不完全和上不完全函数. Fraser et al. (1998)和 Larguinho et al. (2013)直接应用 gamma 级数方法计算确切的概率. Carr and Linetsky (2006)也用它来计算跳跃到违约的扩展 CEV 模型中的期权价格.

　　有两种方法可以更有效地计算 gamma 级数. 首先，Schroder(1989)和 Ding(1992)将 gamma 级数简化为 gamma 函数的双级数，从而 gamma 函数可以通过初等函数来求值，见 Press et al. (1992). 其次，Knüsel and Bablok (1996) 和 Benton and Krishnamoorthy（2003）（分别被 Dyrting，2004；Larguinho et al.，2013 支持)通过确定给定容错水平下求和中的项数来评估求和. 此外，gamma 级数中两个连续的项具有递归关系，这允许我们使用前一项生成每一项，并确定精确的项数.

D2. 解析逼近

　　对于大参数 x 和非中心性 y（可能是 $x > 1000$ 或 $y > 1000$，见，例如，Benton and Krishnamoorthy，2003；Dyrting，2004)，解析逼近是计算分布函数 $Q(x;\kappa,y)$. 具体来说，非中心卡方分布可以近似为标准正态分布，即：

$$Q(x/2;\kappa/2,y/2)\approx\Phi(z),$$

其中 $\Phi(\cdot)$ 为标准正态分布函数. Sankaran(1963)提供了一个典型的近似,其中

$$z=\frac{1-hp(1-h+(2-h)mp/2)-(x/(\kappa+y))^h}{h\sqrt{2p(1+mp)}},$$

其中 $h=1-\frac{2}{3}\frac{(\kappa+y)(\kappa+3y)}{(\kappa+2y)^2}$, $p=\frac{1}{2}\frac{\kappa+2y}{(\kappa+y)^2}$, $m=(h-1)(1-3h)$. 而且这个近似项由 Schroder(1989)提出.

D3. 数值测试

我们测试了 Sankaran(1963)的 gamma 级数方法和解析近似的速度和准确性. 非中心卡方分布函数 $Q(x;\kappa,y)$ 分别用以下方法评价:gamma 级数法(D.1)、Sankaran(1963)的解析逼近法和 Matlab 的库函数'ncx2cdf'在立方体$[0.0001,300.0001]\times[1,5]\times[0.0001,300.0001]$. 所选网格覆盖了本章使用的参数值. 在每个维度中,步长为 1. 因此,函数在 45 万个点上进行评估. 由于计算一次函数的时间非常小,下表中的时间是计算 45 万个函数值的总时间. 下表总结了这些结果.

表 D.1　测试计算非中心卡方分布函数的算法

	Matlab	Gamma series（D.1）	Sankaran（1963）A	Sankaran（1963）B
Error	NA	1.11E-16	0.010973	0
Time	118.19	51.74	18.97	NA

注:"Error"行表示相应方法计算出的值与 Matlab 之间的最大绝对误差. 具体来

说,"Sankaran(1963)A"测量的是整个立方体的误差,而"Sankaran(1963)B"测量的是 $x \in [100.0001, 300.0001]$ 或 $y \in [100.0001, 300.0001]$ 的误差. "Time"行表示相应方法的总运行时间,对于总共 45 万个函数值,以秒为单位进行测量. "NA"表示"不适用".

　　表 D.1 表明 gamma 级数(D.1)和解析近似(Sankaran,1963)的结合可以在不牺牲精度的情况下更有效地评估非中心卡方函数. 具体地说,我们用级数法求小参数 x 或小非中心性 y 的函数值. 一旦 x 或 y 大于 100,我们切换到解析近似(Sankaran,1963).

第四章　SABR 模型的 NFB 原理

　　SABR 模型作为一种基准被广泛应用于固定收益和外汇市场. 标的过程可能以正概率达到零,因此应指定在零处的吸收边界,以避免套利机会. 然而,许多数值方法都选择忽略边界条件以保持易处理性. 本章提出了一种新的 NFB 原理来量化边界条件对标的价格分布的影响. 它表明,随着时间范围的缩小,SABR 击中 0 的概率呈指数衰减到 0. 应用这一原理,我们进一步证明,在条件波动率过程下,标的过程的分布可以近似于一个随时间变化的 Bessel 过程的分布,其误差指数可忽略. 这一发现为文献中许多几乎精确的 SABR 模型仿真算法提供了理论依据. 数值实验也证明了我们的结论.

一、引言

　　Hagan et al. (2002)引入的 SABR 模型已经在利率和外汇市场的从业人员中非常流行,用来评估欧式期权的价值. 它可以生成隐含波动率的解析渐近表达式,很好地拟合观察到的微笑,并捕获微笑动态与标的资产价格之间的正确联合运动(co-movement).

　　该模型是一类特殊的随机波动率模型. 它的标的过程是恒定弹性方差(CEV)型扩散,其波动率过程遵循几何布朗运动. 正是由于这种结构特征,我们可以表明,标的过程可能以正概率击中零. 因此,我们必须在 0 处指定一个吸收边界条件以避免套利机会(见,例如,Delbaen and Shirakawa 2002, Rebonato and McKay 2009). 然而,一些广泛使用的 SABR 给出的 Black 模型隐含波动率的近似公式,如 Hagan et al. (2002)、Obłój(2008)和 Paulot(2015)的公式,都是通过简单地忽略定价偏微分方程(PDE)系统的边界条件而推导出来的,以保持数学可处理性. 这就给我们提出了一个有趣的研究问题:我们应该如何量化边界条件的影响?

　　为了解决这个问题,我们在本章中设法发展了 NFB 原理. 它表明,随着时间范围的缩小,SABR 模型击中零的概率呈指数衰减. 此外,这个击中概率(hitting probability)的收敛速度很大程度上取决于模型参数:当初始标的价格或 beta 越大(即 SABR 模型的 CEV 部分的指数)或初始波动率或波动率的波动率越小时,模型收敛速度越快. 据我们所知,我们首次描述了击中概率指数衰减的顺序.

关于 NFB 原理的早期文章可以追溯到 Kac（1951）和 Varadhan（1967），他们研究了二阶一致椭圆算子在欧氏空间上产生扩散的情况，这些算子具有 Hölder 连续系数. Hsu（1995）将讨论扩展到更一般的流形（manifold）上的扩散. 在金融应用方面，Gatheral et al.（2012）利用该原理解释了为什么局部波动率模型的边界行为不会影响过渡密度的渐近展开及卖出欧式看涨期权价格. 本书对这一文献的贡献在于，首次对一类重要的随机波动率模型，SABR 情况下击中概率的指数衰减阶给出了严格的刻画. 我们也注意到有几篇文章与这个主题有关. 例如，Doust（2012）通过 Monte Carlo 模拟计算了击中零的概率. Bayer et al.（2013）在没有严格建立的情况下引用了这一原理来论证他们在 SABR 模型中计算方法的有效性. Gulisashvili et al.（2016）推导了正态 SABR 模型在时间范围趋于无穷大时的击中概率公式. 对于不相关的 SABR 模型，Gulisashvili et al.（2018）在短时间和长时间内导出了原子在原点的行为；在一个数值例子中，他们也将大初始值的小击中概率作为原理，但不表示衰减顺序. 使用基于偏微分方程的方法，Yang & Wan（2018）通过求解一系列偏微分方程，得到了具有多项式误差界限的生存概率（即不触及非负下界的概率）的渐近公式. 值得注意的是，Hagan et al.（2014）通过考虑边界条件为零，提出了一种求解 SABR 模型简化一维定价 PDE 的数值方案.

直观地，我们的结果表明，边界条件的规范在短时间内对 SABR 模型的分布规律影响有限. 这就解释了为什么在没有考虑边界条件的情况下，SABR 模型的各种数值方法在短期期权定价中都表现良好. 作为对文献的第二个贡献，本书还对最近出现在文献中的一些几乎精确的 SABR 模拟算法的偏差发展了一些理论界限（见如，Chen & Liu，2011；Chen et al.

2012；Cai et al. 2017；Leitao et al. 2017）. 这条模拟的研究线源于 Islah
(2009)，作者发现在 SABR 中标的价格的边际分布可以近似为基于波动率
过程的非中心卡方分布. 如果我们用这个近似来计算短期期权价格，这个
近似是非常准确的. 同时，上述论文还报告了随着时间范围的延长，模拟结
果的逼近误差也显著增大. 应用"NFB"的原理，我们设法确定了这种错误
的原因——当我们考虑一个很长的时间范围时，吸收边界条件开始发挥作
用的影响. 沿着这条线，我们通过提出一种分析来填补现有文献中的空白，
即随着时间范围的缩小，近似误差将呈指数级可忽略.

　　本章的其余部分组织如下. 第二节介绍 SABR 模型，并给出了 NFB 原
理的主要结果，还给出了一些数值证据来支撑我们的发现. 所有证明都在
第三节. 我们在第四节对本章做总结.

二、SABR 模型和主要结果

(一) SABR 模型

　　令 $(\Omega, \mathcal{F}, \mathcal{F}_t, \mathbb{P})$ 为一个过滤的概率空间（filtered probability space），其
中 $\mathbb{P}$ 是 T-远期鞅测度. 两个独立的标准布朗运动 $\{B_t; 0 \leqslant t \leqslant T\}$ 和 $\{W_t; 0 \leqslant t \leqslant T\}$ 分别定义在 $(\Omega_1, \mathcal{F}_1)$ 和 $(\Omega_2, \mathcal{F}_2)$ 与它们的自然流域（natural
filtrations）$\{\mathcal{F}_t^1\}$ 和 $\{\mathcal{F}_t^2\}$. 令样本空间 Ω, σ-代数 $\mathcal{F}$，过滤 $\mathcal{F}_t$ 分别为 $\Omega = \Omega_1 \times$

Ω_2, $\mathcal{F} = \mathcal{F}^1 \otimes \mathcal{F}^2$, $\mathcal{F}_t = \mathcal{F}_t^1 \otimes \mathcal{F}_t^2$. 将 F_t 和 A_t 分别表示为时间 $t \in [0, T]$ 远期价格和波动率. 则 SABR 模型被定义为以下随机微分方程 (SDEs) 系统的解:

$$dF_t = A_t F_t^\beta \left[\sqrt{1 - \rho^2}\, dB_t + \rho dW_t \right],$$

$$dA_t = \nu A_t dW_t, \qquad\qquad (4-1)$$

其中参数 beta β 和相关系数 ρ 分别满足 $\beta \in (0,1)$ 和 $\rho \in (-1,1)$; 远期价格 F_0, 初始波动率 A_0, 和波动率的波动率 ν 为正. 这是一个局部随机波动率模型, 其中远期价格过程为 $\{F_t; 0 \le t \le T\}$, 遵循 CEV 型扩散过程, 波动率过程 $\{A_t; 0 \le t \le T\}$ 由几何布朗运动给出.

为了确定模型的存在唯一性, 我们需要指定 SDE(1) 在 $F=0$ 处的边界条件, 因为 F 中的 CEV 型动态规范允许它以正概率击中零. 反射边界显然会带来套利机会: 当远期价格跌至 0 时, 人们可以以零成本买入远期, 当远期价格返回正值区间时, 人们可以以零成本卖出远期; 请参阅 Rebonato and McKay(2009) 的章节 3.10 或 Delbaen and Shirakawa(2002) 对该问题的详细讨论. 为了排除套利机会, 我们从现在开始对模型进行如下假设:

假设 1: 0 是 $\{F_t; 0 \le t \le T\}$ 的一个吸收边界.

在引理 4.3.1 中, 我们证明了方程 (4-1) 的解在此假设下唯一存在.

(二) 主要结果

令

$$\tau_0^F = \inf\{t \in [0, T]: F_t = 0\},$$

远期价格过程第一次击中零. 本章的第一个主要结果建立了 $\mathbb{P}(\tau_0^F \leqslant T)$ 的概率边界. 更具体地说,我们有

定理 4.2.1(NFB 原理):在假设 2.1 下,存在一个正常数 C(取决于 ν, β, A_0, F_0)这样,

$$\limsup_{T \downarrow 0} T \ln \mathbb{P}(\tau_0^F \leqslant T) \leqslant -C. \qquad (4-2)$$

换句话说,这个定理表示远期价格 F_t 在 T 之前击中 0 的事件的概率,随着 T 趋于 0 时会以指数形式消失. 由于 SABR 模型(1)是一个随时间不断改变其值的扩散过程,定理 4.2.1 直观地表明,对于较小时间,在 0 处边界的存在并不影响 F_t 的概率规律. 在这个意义上,我们把它称为 NFB 原理.

值得指出的是,利用这种原理来量化边界对扩散过程的概率规律的影响是概率论学家所熟悉的. Kac(1951)是布朗运动研究的先驱. Varadhan (1967)考虑了由二阶一致椭圆算子产生的欧氏空间中的扩散过程. Hsu (1995)将该原理推广到一般流形上的扩散. Gatheral et al. (2012)在期权定价中出现了该原理的一个有趣应用,作者使用它获得了关于局部波动率模型的过渡概率函数和相关看涨期权价格的渐近展开式.

现在来看定理 4.2.1 对 SABR 模型的含义. 定义函数 $g(\cdot)$,使 $F \geqslant 0$ 时,

$$g(F) = \frac{F^{1-\beta}}{1-\beta}.$$

令 $X_t = g(F_t)$. 应用局部 Itô 公式(Kallenberg 1997,推论 15.20)到停止时间 τ_0^F,我们有

$$X_{T \wedge \tau_0^F} = X_0 + \frac{\rho}{\nu}(A_{T \wedge \tau_0^F} - A_0) + \sqrt{1-\rho^2}\int_0^{T \wedge \tau_0^F} A_s dB_s$$
$$+ \int_0^{T \wedge \tau_0^F} \frac{(1-2\theta)(1-\rho^2)A_s^2}{2X_s}ds, \qquad (4-3)$$

其中，$X_0 = g(F_0)$ 和

$$\theta = \frac{1}{2} + \frac{\beta}{2(1-\beta)(1-\rho^2)}. \qquad (4-4)$$

注意上面定义的函数 g 是可逆的. 我们得到 $F_T = F_{T \wedge \tau_0^F} = g^{-1}(X_{T \wedge \tau_0^F})$. 为了推导 F_T 的概率规律，只需确定 $X_{T \wedge \tau_0^F}$ 的概率规律.

沿着满足 $\tau_0^F > T$ 的样本路径，式(4-3)中 X 的表示简化为

$$X_T = X_0 + \frac{\rho}{\nu}(A_T - A_0) + \sqrt{1-\rho^2}\int_0^T A_s dB_s$$

$$+ \int_0^T \frac{(1-2\theta)(1-\rho^2)A_s^2}{2X_s}ds. \qquad (4-5)$$

在波动率过程 $\{A_t; 0 \leqslant t \leqslant T\}$ 的条件下，由公式(4-5)所给出的 X_T 的分布规律应与 T 处参数 $(1-2\theta)/2$ 的随时间变化的 Bessel 过程的边际分布相同，从 $X_0 + \rho/\nu(A_T - A_0)$ 开始，和修改后的时间(changed time clock) $(1-\rho^2)\int_0^T A_s^2 ds$. 因为根据定理 4.2.1，$\{\tau_0^F \leqslant T\}$ 的概率在小时间 T 下指数可忽略，我们期望 X_T 的概率分布应该提供一个 $X_{T \wedge \tau_0^F}$ 分布的良好近似.

第三节引理 4.3.4 给出了基于非中心卡方分布的时变 Bessel 过程的累积分布函数. 在上述所有观察的启发下，我们引入了一个新的随机变量(r.v.) $\widetilde{F}_T$，其条件分布，给定 A_T 和 $\int_0^T A_s^2 ds$ 的值，满足

$$\mathbb{P}(\widetilde{F}_T \leqslant g(U) \mid \int_0^T A_s^2 ds, A_0, A_T) = \begin{cases} 1 - Q\left(\dfrac{\widetilde{g}^2(F_0)}{\Delta}; 2\theta, \dfrac{g^2(U)}{\Delta}\right), & U > 0; \\[3mm] 1 - Q\left(\dfrac{\widetilde{g}^2(F_0)}{\Delta}; 2\theta\right), & U = 0, \end{cases}$$

$$(4-6)$$

对于任意 $U \geqslant 0$,其中

$$\Delta = (1 - \rho^2) \int_0^T A_s^2 ds \qquad (4-7)$$

和

$$\widetilde{g}(F_0) := \left(X_0 + \frac{\rho}{\nu}(A_T - A_0) \right)^+ = \left(g(F_0) + \frac{\rho}{\nu}(A_T - A_0) \right)^+. \ (4-8)$$

这里,$Q(x;\mu,\lambda)$ 是自由度为 μ,非中心性为 λ 的非中心卡方随机变量的累积分布函数. $Q(x;\mu)$ 是 $\lambda = 0$ 时的退化特例.

以下定理描述了误差边界(the error bound),如果我们使用前面提到的 r. v. $\widetilde{F}_T$ 来建立一个接近原始模型 F_T 的近似. 更准确地说,我们有

定理 4. 2. 2(近似条件边际分布):若假设 1 成立,对于任何 Lipschitz 函数 $h(\cdot)$,存在一个正常数 C(取决于 $h, \nu, \beta, \rho, A_0, F_0$),使得

$$\limsup_{T \downarrow 0} T \ln \left| \mathbb{E}[h(F_T) | A_0, F_0] - \mathbb{E}[\mathbb{E}[h(\widetilde{F}_T) | \int_0^T A_s^2 ds, A_T] | A_0, F_0 \right| \leqslant -C.$$

$$(4-9)$$

公式(4-9)中,第一个期望 $\mathbb{E}[h(F_T) | A_0, F_0]$ 是相对原始的 SABR 模型取得的;第二次迭代期望的内值由公式(4-6)和给出的概率分布计算,外层是关于 $\int_0^T A_s^2 ds$ 和 A_T 的联合分布所取. 粗略地说,我们从这个定理中可得

$$\left| \mathbb{E}[h(F_T) | A_0, F_0] - \mathbb{E}[\mathbb{E}[h(\widetilde{F}_T) | \int_0^T A_s^2 ds, A_T] | A_0, F_0 \right| \leqslant \exp(-C/T),$$

即当 $T \to 0$ 时,这两项之差将以指数形式消失. 具体来说,如果相关系数为零,即 $\rho = 0$,那么上述两个期望的差值为零. 由于远期价格的边际分布正好由公式(4-6)给出,而公式(4-6)是 Islah(2009)、Cai et al. (2017)和 Leitao et al. (2017)成果的直接结果.

通过 Monte-Carlo 模拟,可以有效地求出公式(4-9)中的迭代期望. 为此,我们可以采用以下三个步骤:

第一步:给定 A_0,模拟 A_T.

第二步:抽取 $\int_0^T A_s^2 ds$ 样本,给定 A_0 和 A_T.

第三步:给定 A_0、A_T 和 $\int_0^T A_s^2 ds$,从分布(6)模拟 $\widetilde{F}_T$.

文献中的几篇论文,包括 Chen and Liu(2011),Cai et al. (2017)和 Leitao et al. (2017),应用了不同的模拟方案来实现这些步骤. 我们在附录 1 中包含了 Cai et al. (2017)提出的算法的细节. 所有这些文章都记录了在计算基于 SABR 模型的期权价格,特别是短期期权价格时,上述近似方法在数值实验中的精确性能. 但没有人能给出任何理论上的保证. 定理 4.2.2 通过显示在 SABR 模型下使用这些 Monte-Carlo 模拟方案为短期期权定价的近似误差是指数可忽略的,填补了这个空白.

在本小节的最后,我们需要强调的是,定理 4.2.2 之前的讨论并不严格. 本节中两个定理的更严格的证明见第三节.

(三) 数值证据

在本小节中,我们将提供更多关于 NFB 原理及其在期权定价中的含义的数值证据. 注意,定理 4.2.1 中的公式(4-2)表明,$\ln(\mathbb{P}(\tau_0^F \leqslant T))$ 与 $1/T$ 成正比. 为了在数值上证实这一发现,图 4-1 显示了在不同初始远期价格 F_0,beta,初始波动率 A_0,波动率的波动率 ν 值下,击中概率的对数与到期时间倒数之间的关系. 本实验中我们作为基准的参数值分别为 $F_0 = 0.1$,$A_0 = 0.2$,$\beta = 0.1$,$\nu = 0.1$,和 $\rho = -0.5$. 我们改变每个子图中一个参数的值,同时固定其他参数. 所有的数据点都落在直线上,这强烈表明在不同的

参数值下,NFB 原理对 SABR 模型是成立的. 此外,直线的斜率,即公式
(4-2)右边的常数,表征了概率在 $T \to 0$ 时衰减的快慢. 图 4-1 中出现了
一个明确的模式,即对于 SABR 模型,当初始远期价格更大,β 更大,初始波
动率更小,或者波动率的波动更小时,$\mathbb{P}(\tau_0^F \leqslant T)$ 收敛到 0 的速度更快.

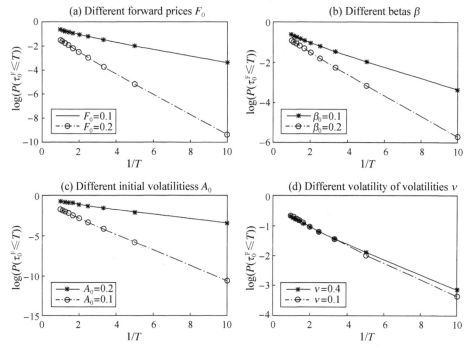

图 4-1　不同 F_0, A_0, β, 和 ν 值下 $\log(\mathbb{P}(\tau_0^F \leqslant T))$ 与 $1/T$ 之间的线性关系

注:采用有限差分法计算 SABR 模型的击中概率,详见附录 1.

图 4-2 显示了边界对期权定价的影响. 使用由有限差分法计算的值
作为"真"期权价格,我们绘制了在最后一小节中给出的模拟方案计算中的
相对误差. 对于给定的 T,当 $F_0 \to 0, A_0 \to +\infty$,或 $\nu \to +\infty$ 时,误差倾向于
显著. 这与上一节中两个定理的结论是一致的. 如前所述,$\mathbb{P}(\tau_0^F \leqslant T)$ 对于
F_0 较小的,A_0 或 ν 较大的模型是不可忽略的,将导致定理 4.2.2 中给出的分

布近似的失效. 此外,通过 $T=1/2$ 和 $T=1$ 的比较,我们可以看出,在较短的时间范围内,边界条件对模拟定价方案的误差影响较小.

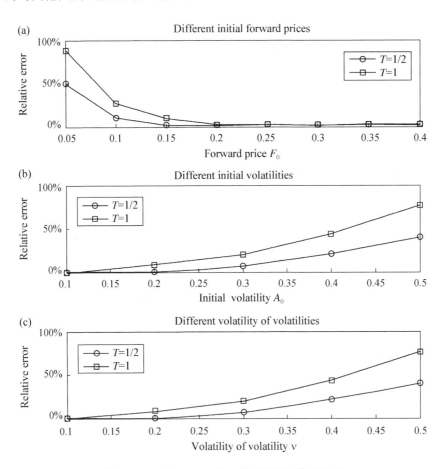

图 4 - 2 不同 F_0,A_0,和 v 值下模拟的相对误差

注:考虑平价看涨期权. 我们固定 $\beta=0.1$ 和 $\rho=-0.5$ 在所有三个子图. 本例中使用的其他参数值分别是在(a)中 $A_0=0.3$ 和 $v=0.1$,(b)中 $F_0=0.1$ 和 $v=0.1$,(c)中 $F_0=0.1$ 和 $A_0=0.1$. 采用附录 1 中的有限差分法计算基准价格 D. 使用 Cai et al. (2017)的模拟算法生成 Monte Carlo 价格 S. 相对误差定义为 $|S-D|/D$. 模拟试验次数为 10000.

三、证明

本节提供定理 4.2.1 和 4.2.2 的证明. 在第一小节中,我们将为后续分析提供一些技巧性引理. 定理 4.2.1 和定理 4.2.2 的证明分别在第二小节和第三小节给出. 为了方便起见,我们将在本节中使用以下符号.

- C 是一般的正常数.
- $C(\bar{\omega})$ 是取决于参数向量 $\bar{\omega}$,可以是一个或一组 β,ν,F_0 等的一个一般正常数. 其显式依赖关系将在下面的分析中指出.

(一) 技术性引理

引理 4.3.1(强解存在性)在假设 1 下,SABR 模型(1)在爆炸时间 S 前存在一个唯一的强解,其中 $S=\inf\{t>0:F_t=0\}$. †①

证明:在假设 1 下,Lions & Musiela(2007)和 Hobson(2010)证明了方程组(1)在爆炸前存在一个唯一弱解. 而且,SDE(1)的解存在较强的意义. 注意,扩散系数是局部的 Lipschitz. 则我们只需遵循 Karatzas & Shreve

---

① $\{F_t;0\leqslant t\leqslant T\}$ 对于 $\beta\in[0,1]$ 具有有限矩(Andersen & piterbar,2007;Lions & Musiela,2007),因此 $S=\lim\limits_{n\to\infty}\{t>0:F_t\leqslant 1/n, \text{ or } F_t\geqslant n\}$.

(1991)中的定理 5.2.5 的证明,就可以得到解的强唯一性. 因此,SDE(1) 在爆炸前存在一个强解,这是由弱存在性和强唯一性所隐含的(Karatzas & Shreve 1991,推论 5.3.23).

引理 4.3.2:考虑 SABR 模型(1)的波动率过程$\{A_t; 0 \leqslant t \leqslant T\}$. 定义

$$\Omega_T^{X_0} = \left\{ \inf_{s \in [0,T]} \left(X_0 + \frac{\rho}{\nu}(A_s - A_0) \right) \leqslant 0 \right\}. \tag{4-10}$$

若 $\rho \neq 0$,令 $C_a = \nu X_0 / \rho A_0$. 则,对于(i) $\rho = 0$,(ii) $\rho > 0$ 和 $C_a \geqslant 1$,有 $\Omega_T^{X_0} = \varnothing$; 否则,

$$\mathbb{P}(\Omega_T^{X_0}) \leqslant \frac{1}{\sqrt{1-C_a}} \frac{\nu\sqrt{T}}{|\ln(1-C_a)|} \exp\left(-\frac{\ln^2(1-C_a)}{2\nu^2 T} \right). \tag{4-11}$$

证明:我们首先考虑 $\rho > 0$ 的情况. 注意对所有 $s \in [0, T]$,$A_s = A_0 \exp(-\nu^2 s/2 + W_s)$. 则,

$$\inf_{s \in [0,T]}(X_0 + \rho/\nu(A_s - A_0)) \leqslant 0 \Leftrightarrow \inf_{s \in [0,T]} \exp(-\nu^2 s/2 + \nu W_s) \leqslant 1 - C_a.$$

若 $C_a \geqslant 1$,则 $\Omega_T^{X_0} = \varnothing$. 因此,引理显然成立. 若 $0 < C_a < 1$,则

$$\Omega_T^{X_0} = \left\{ \inf_{s \in [0,T]}(-\nu s/2 + W_s) \leqslant \frac{\ln(1-C_a)}{\nu} \right\}.$$

该集合对应漂移布朗运动$\{-\nu s/2 + W_s; s \geqslant 0\}$在 T 前击中等级 $b := \ln(1 - C_a)/\nu < 0$. 由漂移布朗运动的首次通过时间分布(Karatzas and Shreve 1991,公式(3.5.12)),我们得到

$$\mathbb{P}(\Omega_T^{X_0}) = \int_0^T \frac{-b}{\sqrt{2\pi s^3}} \exp\left(-\frac{b^2 + \nu b s + \frac{\nu^2 s^2}{4}}{2s} \right) ds$$

$$\leqslant \int_0^T \frac{-b}{\sqrt{2\pi s^3}} \exp\left(-\frac{b^2}{2s} \right) \cdot \exp\left(-\frac{\nu b}{2} \right) ds,$$

其中不等式是由于 $\exp(-\nu^2 s/8) \leqslant 1$. 令 $\zeta = -b/\sqrt{s}$，上述不等式得出：

$$\mathbb{P}(\Omega_T^{X_0}) \leqslant \sqrt{\frac{2}{\pi}} \frac{1}{\sqrt{1-C_a}} \int_{-b/\sqrt{T}}^{+\infty} e^{-(1/2)\zeta^2} d\zeta.$$

由 Karatzas and Shreve(1991) 问题 2.9.22 中的不等式，我们得到公式 (4-11). 类似的论证也适用于 $\rho \leqslant 0$ 的情况.

引理 4.3.3：考虑 SABR 模型(1)的波动率过程 $\{A_t; 0 \leqslant t \leqslant T\}$. 回想一下，在(4-7)中 $\Delta = (1-\rho^2) \int_0^T A_s^2 ds$. 对于任意 $C_0 > \Delta_0 \equiv (1-\rho^2) A_0^2 T$，则可得

$$\mathbb{P}(\Delta \geqslant C_0) \leqslant C_1(\nu\sqrt{T}) \exp\left(-\frac{C_2}{\nu^2 T}\right),$$

其中 $C_1 = 2\sqrt{2/\pi}/\ln(C_0/\Delta_0)$，$C_2 = (\ln(C_0/\Delta_0))^2/8$.

证明：注意到对于 $t \in [0, T]$，$A_t = A_0 \exp(-\nu^2 t + 2\nu W_t)$. 则可得

$$\mathbb{P}(\Delta \geqslant C_0) = \mathbb{P}\left(\int_0^T \exp(-\nu^2 t) \exp(2\nu W_t) dt \geqslant \frac{C_0 T}{\Delta_0}\right)$$

$$< \mathbb{P}\left(\int_0^T \exp(2\nu \sup_{t \in [0,T]} W_t) dt \geqslant \frac{C_0 T}{\Delta_0}\right).$$

因此，利用布朗运动最大值的密度(Karatzas and Shreve 1991，公式(2.8.3))，可得

$$\mathbb{P}(\Delta \geqslant C_0) \leqslant \mathbb{P}\left(\sup_{0 \leqslant t \leqslant T} W_t \geqslant \frac{1}{2\nu}\ln\left(\frac{c}{\Delta_0}\right)\right)$$

$$= \sqrt{\frac{2}{\pi}} \int_{\ln(c/\Delta_0)/2\nu\sqrt{T}}^{\infty} e^{-x^2/2} dx \leqslant C_1(\nu\sqrt{T}) \exp\left(-\frac{C_2}{\nu^2 T}\right).$$

基于 Karatzas and Shreve (1991) 的公式(2.9.20)，最后的不等式成立.

引理 4.3.4(时变 Bessel 过程)：对于任意给定的确定性正连续函数 φ：

$[0,T] \rightarrow (0,+\infty)$,令

$$Y_t = Y_0 + \int_0^t \varphi(s)dB_s + \int_0^t \frac{(1-2\theta)\varphi^2(s)}{2Y_s}ds, \qquad (4-12)$$

其中 B_t 是一个标准的布朗运动. 对于任意固定的 $t>0$,公式(4-12)中 Y_t 的跃迁密度,从 $Y_0>0$ 开始,以如下形式给出:

$$P_\varphi(t;Y_0,y) = \begin{cases} \dfrac{Y_0^\theta y^{1-\theta}}{\int_0^t \varphi^2(s)ds} \exp\left(-\dfrac{Y_0^2+y^2}{2\int_0^t \varphi^2(s)ds}\right) I_\theta\left(\dfrac{Y_0 y}{\int_0^t \varphi^2(s)ds}\right), & y>0; \\[4mm] \dfrac{1}{\Gamma(1+\theta)}\Gamma\left(\theta, \dfrac{Y_0^2}{2\int_0^t \varphi^2(s)ds}\right), & y=0; \end{cases}$$

$$(4-13)$$

其中 $\Gamma(\theta) = \int_0^\infty x^{\theta-1}e^{-x}dx$, $\Gamma(\theta,\zeta) = \int_\zeta^\infty x^{\theta-1}e^{-x}dx$, 以及 $I_\theta(\zeta) = \sum_{m=0}^\infty ((\zeta/2)^{2m+\theta}/m!\Gamma(m+\theta+1))$. 此外,$Y_t$ 允许以下分布函数:

$$\mathbb{P}(Y_t \leqslant y \mid Y_0) = \begin{cases} 1 - Q\left(\dfrac{Y_0^2}{\int_0^t \varphi^2(s)}; 2\theta, \dfrac{y^2}{\int_0^t \varphi^2(s)}\right), & y>0; \\[4mm] 1 - Q\left(\dfrac{Y_0^2}{\int_0^t \varphi^2(s)}; 2\theta\right), & y=0, \end{cases}$$

$$(4-14)$$

其中 $Q(x;\mu,\lambda)$ 是自由度为 μ,非中心性(noncentrality)为 λ 的非中心卡方随机变量的累积分布函数. $Q(x;\mu)$ 是 $\lambda=0$ 时的退化特例.

证明:给定任意确定性正连续函数 $\varphi:[0,T] \rightarrow (0,+\infty)$,注意过程 Y (见(4-12)),$\varphi(s)$ 和 $(1-2\theta)\varphi^2(s)/2Y_s$ 的系数,为 $Y_s>0$ 时空间变量 Y_s 中

的局部 Lipschitzs. 模仿 Karatzas & Shreve(1991)定理 5.2.5 的证明,我们可以很容易地证明到爆炸时间 $\tau^Y=\{t\geqslant 0:Y_t=0\}$ 为止方程(4-12)解的强唯一性. 令

$$\phi(t):=\int_0^t \varphi^2(\gamma)d\gamma,\psi(t):=\inf\{s>0:\phi(s)>t\}.$$

由于 $\varphi(\cdot)$ 是严格正的和连续的,我们知道 $\phi(t)$ 和 $\psi(t)$ 都是连续的和单调递增的. 定义 $M_t=\int_0^{\psi(t)}\varphi(\gamma)dB_\gamma$. 注意到 $(M,M)_t=\int_0^{\psi(t)}\varphi^2(\gamma)d\gamma=t$. (原文里是 $\langle M,M\rangle\_t$ 的符号)根据 Karatzas & Shreve(1991)的定理 3.3.16,$\{M_t\}$ 是关于过滤 $\{\mathcal{F}_{\psi(t)}^B:t\in[0,T]\}$ 的布朗运动. 假设 $Y_0>0$,我们知道

$$Z_t=Y_0+M_t+\int_0^t \frac{1-2\theta}{2Z_s}ds \tag{4-15}$$

是一个维度为 $2-2\theta$ 的 Bessel 过程. 因此,众所周知,公式(4-15)直至 $\tau^Z=\inf\{t\geqslant 0:Z_t=0\}$ 前存在弱解,并且在 $Z=0$ 是该过程的吸收边界的假设下,其跃迁密度应由下式给出

$$P^Z(t,Z_0,Z_t)=\begin{cases}\dfrac{Y_0^\theta Z_t^{1-\theta}}{t}\exp\left(-\dfrac{Y_0^2+Z_t^2}{2t}\right)I_\theta\left(\dfrac{Y_0Z_t}{t}\right), & Z_t>0;\\[3mm]\dfrac{1}{\Gamma(1+\theta)}\Gamma\left(\theta,\dfrac{Y_0^2}{2t}\right), & Z_t=0.\end{cases} \tag{4-16}$$

参阅 Borodin & Salminen(2002)对 Bessel 过程的详细讨论.

对于任意 $t>0$,令 $Y_t=Z_{\phi(t)}$. 容易看出

$$Y_t=Y_0+\int_0^t \varphi(\gamma)dB_\gamma+\int_0^t (1-2\theta)\frac{\varphi^2(\gamma)}{2Y_\gamma}d\gamma.$$

到目前为止,我们已经证明了 SDE(12)承认一个弱解. 结合强唯一性,我们

知道方程(4-12)的强解的存在性. 此外,由公式(4-16)可知,Y 的跃迁密度由公式(4-13)给出. 然后,利用(4-13),类似于 Yang et al.(2017)附录2 中的论点,我们可以在公式(4-14)中推导出累积分布函数.

在下面的评注中,我们将引理 4.3.4 与 Yang & Wan(2018)的 4.3 节以及 Chen et al.(2012)的 2.2 和 2.4 结果进行了比较.

评注 4.3.1:在 Yang & Wan(2018)的 4.3 节中,他们实现了一个具有小扰动参数的偏微分方程,其中 Bessel 过程的无穷小算子是首阶算子. 利用 Bessel 过程的跃移密度,Yang & Wan(2018)求解了一个层次偏微分方程,以获得远期价格击中零的概率的渐近公式. Chen et al.(2012)的结果2.2 回顾了平方 Bessel 过程(Borodin & Salminen 2002)的跃迁密度. 然后,Chen et al.(2012)利用结果 2.2 得出结果 2.4,该结果源于 Islah (2009). 但结果 2.4,特别是公式(2.17)的论点是不正确的,因为他们在应用 $It\hat{o}$ 公式时忽略了停留时间 τ_0^F. 引理 4.3.4 给出了随时间变化的 Bessel 过程的概率密度函数和累积分布函数. 借助引理 4.3.4,我们在定理 4.2.2 中证明 Chen et al.(2012)的结果 2.4 具有指数可忽略误差.

(二) 定理 4.2.1 的证明

回顾定义在公式(4-3)中的 $\{X_t; 0 \leqslant t \leqslant T\}$. 令 $\rho^{\perp} = \sqrt{1-\rho^2}$,并令 $\tau_0 = \inf\{t \in [0, T] : X_t = 0\}$ 为过程 $\{X_t; 0 \leqslant t \leqslant T\}$ 首次击中零的时间. 改写公式(4-3),可得

$$X_{T \wedge \tau_0} = X_0 + \frac{\rho}{\nu}(A_{T \wedge \tau_0} - A_0) + \rho^{\perp} \int_0^{T \wedge \tau_0} A_s dB_s$$
$$+ \int_0^{T \wedge \tau_0} \frac{(1 - 2\theta)(\rho^{\perp} A_s)^2}{2X_s} ds. \tag{4-17}$$

从下式中给定 $\{A_s(\omega); 0 \leqslant t \leqslant T\}$ 的一个样本路径

$$\Omega := \left\{ \omega : \inf_{s \in [0,T]} \left(X_0 + \frac{\rho}{\nu}(A_s(\omega) - A_0) \right) > \overline{X}_0 \right\}, \tag{4-18}$$

考虑一个新过程 $\{\overline{X}_t\}$ 满足以下 SDE

$$\overline{X}_t = \overline{X}_0 + \rho^{\perp} \int_0^t A_s dB_s + \int_0^t \frac{(1 - 2\theta)(\rho^{\perp} A_s)^2}{2\overline{X}_t} ds, \tag{4-19}$$

其中 $\overline{X}_0 \in (0, X_0)$. $\{X_t; 0 \leqslant t \leqslant T\}$ 的强唯一性和直到 τ_0 的存在性在引理 4.3.1 中给出. 如果我们为 SDE(19) 指定一个在 0 处的吸收边界, 引理 4.3.4 表明 $\{\overline{X}_t; 0 \leqslant t \leqslant T\}$ 必须在强意义上唯一存在直到 $\overline{\tau}_0$, 其中

$$\overline{\tau}_0 = \inf\{t \in [0,T]; \overline{X}_t = 0\}.$$

在公式 (4-18) 中定义的条件 Ω 下, 初始点 $X_0 + \rho/\nu(A_{T \wedge \tau_0} - A_0)$ 大于 $\overline{X}_0$. 类似于比较原理 (Karatzas and Shreve 1991, 命题 5.2.18), 可得

$$X_{T \wedge \tau_0 \wedge \overline{\tau}_0} \geqslant \overline{X}_{T \wedge \tau_0 \wedge \overline{\tau}_0} \tag{4-20}$$

所以, 对 Ω 施加条件, 我们有 $\{\tau_0 \leqslant T\} \cap \Omega \subseteq \{\overline{\tau}_0 \leqslant T\} \cap \Omega$. 更准确地说, 在事件 $\{\tau_0 \leqslant T\} \cap \Omega$ 上, 如果对于某些样本路径有 $\tau_0 < \overline{\tau}_0$, 则通过等式 (4-20), 可得 $0 = X_{\tau_0} = X_{T \wedge \tau_0 \wedge \overline{\tau}_0} \geqslant \overline{X}_{T \wedge \tau_0 \wedge \overline{\tau}_0} = \overline{X}_{\tau_0} > 0$. 矛盾! 这意味着

$$\{\tau_0 \leqslant T\} \cap \Omega = \{\tau_0 \leqslant T, \tau_0 \geqslant \overline{\tau}_0\} \cap \Omega \subseteq \{\overline{\tau}_0 \leqslant T\} \cap \Omega.$$

结合上述公式与全概率法则, 我们有

$$\mathbb{P}(\tau_0 \leqslant T) = \mathbb{P}(\{\tau_0 \leqslant T\} \bigcap \Omega) + \mathbb{P}(\tau_0 \leqslant T \mid \Omega^c)\mathbb{P}(\Omega^c) \leqslant \mathbb{P}(\overline{\tau}_0 \leqslant T) + \mathbb{P}(\Omega^c),$$

$$(4-21)$$

其中 Ω^c 是定义在式(4-18)中的 Ω 的补集. 从引理 4.3.2,我们得到

$$\mathbb{P}(\Omega^c) \leqslant \frac{1_{\{\rho \neq 0\}} 1_{\{C_a < 1\}}}{\sqrt{1-C_a}} \frac{\nu \sqrt{T}}{\mid \ln(1-C_a) \mid} \exp\left(-\frac{\ln^2(1-C_a)}{2\nu^2 T}\right), \quad (4-22)$$

其中若 $\rho \neq 0, C_a = \nu(X_0 - \overline{X}_0)/\rho A_0.$

根据引理 4.3.4,定义于公式(4-19)的 $\{\overline{X}_t; 0 \leqslant t \leqslant T\}$ 也是一个时变 Bessel 过程. 此外,

$$\mathbb{P}(\overline{\tau}_0 \leqslant T) = \frac{\mathbb{E}[\Gamma(\theta, \overline{X}_0^2/2\Delta)]}{\Gamma(1+\theta)}.$$

注意到对于 $a > 0, \max\limits_{x>0} x^a e^{-x}$ 是有界的,则存在一个正常数 C 使得

$$\Gamma(\theta, x) = \int_x^\infty \zeta^{\beta/(1-\beta)(1-\rho^2)-1/2} e^{-\zeta} d\zeta < C x^{-1/2} e^{-Cx}.$$

将上述不等式与 Cauchy-Schwartz 不等式相结合,则可得

$$\mathbb{P}(\overline{\tau}_0 \leqslant T) < \frac{\mathbb{E}[C\Delta^{1/2}/\overline{X}_0 \cdot \exp(-C\overline{X}_0^2/\Delta)]}{\Gamma(1+\theta)}$$

$$\leqslant C(\beta)/\overline{X}_0 \sqrt{\mathbb{E}[\Delta]} \sqrt{\mathbb{E}[\exp(-C\overline{X}_0^2/\Delta)]}$$

$$< C(\beta)/\overline{X}_0 (A_0\sqrt{T}e^{\nu^2 T/2})(\mathbb{E}[\exp(-C\overline{X}_0^2/\Delta)$$

$$\times (1_{\{\Delta > 2\Delta_0\}} + 1_{\{\Delta \leqslant 2\Delta_0\}})])^{\frac{1}{2}}.$$

更进一步,取 $\overline{X}_0 = X_0/2$ 并应用引理 4.3.3,则可得

$$\mathbb{P}(\overline{\tau}_0 \leqslant T) < C(\beta)/X_0 (A_0\sqrt{T}e^{\nu^2 T/2})(\mathbb{E}[1_{\{\Delta > 2\Delta_0\}}]$$

$$+ \exp(-CX_0^2(A_0^2 T)^{-1}))^{\frac{1}{2}}$$

$$< C(\beta)/X_0 (A_0 \sqrt{T} e^{\nu^2 T/2})(\nu \sqrt{T} \exp(-C(\nu \sqrt{T})^{-2})$$

$$+ \exp(-CX_0^2 (A_0^2 T)^{-1}))^{\frac{1}{2}}. \tag{4-23}$$

因此,结合式(4-21),(4-22)和(4-23),可得

$$\mathbb{P}(\tau_0 \leqslant T) \leqslant C_1 \sqrt{T}(1 + e^{\nu^2 T/2}(1 + \nu \sqrt{T})^{1/2}) \exp(-C_2/T), \tag{4-24}$$

其中

$$C_1 = \max\left\{ \frac{1_{\{\rho \neq 0\}} 1_{\{C_a < 1\}} \nu}{\sqrt{1-C_a} \, |\ln(1-C_a)|}, \frac{C(\beta)A_0}{X_0} \right\},$$

$$C_2 = \min\left\{ \frac{\ln^2(1-C_a)}{4\nu^2}, \frac{C}{2\nu^2}, \frac{CX_0}{2A_0^2} \right\},$$

以及 $C_a = (\nu X_0/2\rho A_0)1_{\{\rho \neq 0\}}$.

最后,在式(4-24)的两边取对数,可得

$$\limsup_{T \downarrow 0} T \ln \mathbb{P}(\tau_0 \leqslant T) \leqslant -C_1,$$

其中 $C_1 = C(\nu, \beta, A_0, F_0)$ 是一个正常数. 证明完毕.

评注 4.3.2:当 $\beta = 0$ 时,经上述证明,推导仍然成立. 因此,定理 4.2.1 的结论仍然适用于 $\beta = 0$ 的情况. 值得注意的是,方程(4-17)右边的最后一项消失了,在这种情况下,没有方程(4-12)中的漂移项,引理 4.3.4 仍然成立.

(三) 定理 4.2.2 的证明

回顾式(4-17)定义的过程 $X_t = g(F_t)$. 给定 $\{A_t(\omega): t \in [0, T]\}$ 的一

条路径,在概率空间 (Ω, F) 上考虑一个新过程 $\{\widetilde{X}_t; 0 \leqslant t \leqslant T\}$ 来近似 $X._{\wedge \tau_0}$.

$$\widetilde{X}_T = \left(X_0 + \frac{\rho}{\nu}(A_T - A_0)\right)^+ + (1-\rho^2)\int_0^T A_s dB_s + \int_0^T \frac{(1-2\theta)(1-\rho^2)A_s^2}{2\widetilde{X}_s} ds.$$

$$(4-25)$$

注意,我们的构造是可行的,因为波动率过程的驱动布朗运动 W_t 独立于 B_t. 定义 $\widetilde{F}_T := g^{-1}(\widetilde{X}_T)$. 根据引理 4.3.4,可得 $\widetilde{F}_T$ 的分布函数由等式 $(4-6)$ 给出.

现在我们使用 $\widetilde{F}_T := g^{-1}(\widetilde{X}_T)$ 的分布来近似由等式 $(4-17)$ 确定的 $F_T = g^{-1}(X_{\tau_0 \wedge T})$ 的分布. 请注意,如果相关系数为零,则 $\widetilde{F}_T$ 和 F_T 的分布完全相同(见 Islah 2009,Cai et al. 2017,Leitao et al. 2017). 因此,我们只需要证明当 $\rho \neq 0$ 时近似误差 $(4-9)$ 成立.

令 $S_n = \inf\{t \in [0,T] : X_t \leqslant 1/n \text{ or } X_t \geqslant n\}$, $\widetilde{S}_n = \inf\{t \in [0,T] : \widetilde{X}_t \leqslant 1/n \text{ or } \widetilde{X}_t \geqslant n\}$, 和 $\sigma_n = S_n \wedge \widetilde{S}_n$. 此外, $\lim_{n \to \infty} \sigma_n = \tau_0 \wedge \widetilde{\tau}_0$,其中 $\widetilde{\tau}_0 = \inf\{t \in [0,T] : \widetilde{X}_t = 0\}$. 给定一个 Lipschitz 函数 $h(\cdot) : \mathbb{R}_+ \to \mathbb{R}_+$ 并回顾式 $(4-8)$ 中的 $g(\cdot)$,复合 $h \circ g^{-1}(\cdot)$ 是一个局部 Lipschitz 函数. 则可得

$$\mathbb{E}[|h(F_T) - h(\widetilde{F}_T)|] \leqslant C(\beta, h)\mathbb{E}[|X_T - \widetilde{X}_T|\mathbf{1}_{\{\sigma_n > T\}}]$$
$$+ \mathbb{E}[|h \circ g^{-1}(X_T) - h \circ g^{-1}(\widetilde{X}_T)|\mathbf{1}_{\{\sigma_n > T\}}].$$

$$(4-26)$$

注意

$$\mathbb{E}[|X_T - \widetilde{X}_T|\mathbf{1}_{\{\sigma_n > T\}}] = \int_0^T \frac{(1-\rho^2)A_t^2(1-2\theta)}{2} \times \mathbb{E}\left[\left|\frac{1}{X_t} - \frac{1}{\widetilde{X}_t}\right|\mathbf{1}_{\{\sigma_n > T\}}\right]dt$$
$$\leqslant \frac{(1-2\theta)(1-\rho^2)n^2}{2} \times$$
$$\int_0^T A_t^2 \mathbb{E}[|X_t - \widetilde{X}_t|\mathbf{1}_{\{\sigma_n > T\}}]dt.$$

根据 Gronwall 不等式,可得

$$\mathbb{E}\big[\,|X_t-\widetilde{X}_t|\,\mathbf{1}_{\{\sigma_n>T\}}\big]=0. \qquad (4-27)$$

结合式(4-26)和(4-27),并令 $n\to+\infty$,下列不等式成立

$$\mathbb{E}\big[\,|\,h(F_T)-h(\widetilde{F}_T)\,|\,\big]\leqslant\mathbb{E}\big[\,|\,h\circ g^{-1}(X_T)-h\circ g^{-1}(\widetilde{X}_T)\,|\,\mathbf{1}_{\{\tau_0\wedge\widetilde{\tau}_0\leqslant T\}}\big].$$

根据 $h(\cdot)$ 的 Lipschtiz 性质和式(4-8)中 $g(\cdot)$ 的定义,可得

$$\mathbb{E}\big[\,|\,h(F_T)-h(\widetilde{F}_T)\,|\,\big]\leqslant C(h)\mathbb{E}\big[F_T\mathbf{1}_{\{\tau_0\wedge\widetilde{\tau}_0\leqslant T\}}\big]$$
$$+C(\beta,h)\mathbb{E}\big[\widetilde{X}_T^{1-\beta}\mathbf{1}_{\{\tau_0\wedge\widetilde{\tau}_0\leqslant T\}}\big]. \qquad (4-28)$$

回顾(4-4)中 θ 的定义. 定义 $p:=2\theta(1-\beta)\equiv 1+\beta\rho^2/(1-\rho^2)>1(\rho\neq 0)$,并令 q 满足 $1/p+1/q=1$. 根据 Hölder 不等式,可得

$$\mathbb{E}\big[F_T\mathbf{1}_{\{\tau_0\wedge\widetilde{\tau}_0\leqslant T\}}\big]\leqslant(\mathbb{E}[F_T^p])^{1/p}\mathbb{P}(\tau_0\wedge\widetilde{\tau}_0\leqslant T)^{1/q}$$
$$<C(\beta,\rho,F_0)\mathbb{P}(\tau_0\wedge\widetilde{\tau}_0\leqslant T)^{1/q}, \qquad (4-29)$$

$$\mathbb{E}\big[\widetilde{X}_T^{1/(1-\beta)}\mathbf{1}_{\{\tau_0\wedge\widetilde{\tau}_0\leqslant T\}}\big]\leqslant(\mathbb{E}[\widetilde{X}_T^{2\theta}])^{1/p}\mathbb{P}(\tau_0\wedge\widetilde{\tau}_0\leqslant T)^{1/q}. \quad (4-30)$$

其中(4-29)中的第二个不等式成立,因为 $\mathbb{E}[F_T^p]<\infty$(Andersen and Piterbarg 2007,命题 5.1).

引理 4.3.4 显示 $\widetilde{X}_T$ 是一个时变 Bessel 过程. 令 $\widetilde{X}_0=(X_0+(\rho/\nu)(A_T-A_0))^+$,则可得

$$\mathbb{E}[\widetilde{X}_T^{2\theta}]=\mathbb{E}\Big[\int_0^\infty\widetilde{X}_T^{2\theta}\frac{\widetilde{X}\widetilde{X}_T}{\Delta}\Big(\frac{\widetilde{X}_0}{\widetilde{X}_T}\Big)^{\theta}\exp\Big(-\frac{\widetilde{X}_0^2+\widetilde{X}_T^2}{2\Delta}\Big)\times I_\theta\Big(\frac{\widetilde{X}_0\,\widetilde{X}_T}{\Delta}\Big)d\,\widetilde{X}_T\Big]$$

$$=\mathbb{E}\Big[\widetilde{X}_0^{2\theta}\int_0^\infty\frac{1}{2}\Big(\frac{\zeta}{\lambda}\Big)^{\theta/2}\exp\Big(-\frac{\lambda+\zeta}{2}\Big)\times I_\theta(\sqrt{\zeta\lambda}\,\mid_{\lambda=\widetilde{X}_0^2/\Delta}d\zeta\Big]$$

$$=\mathbb{E}[\widetilde{X}_0^{2\theta}],$$

其中第三个等号成立,由于非中心卡方分布的密度函数的定义. 根据

Minkowski 不等式,可得

$$\mathbb{E}\big[\widetilde{X}_T^{2\theta}\big] = \mathbb{E}\left[\left(\left(X_0 - \frac{\rho A_0}{\nu}\right) + \frac{\rho}{\nu}A_T\right)^{2\theta}\right]$$

$$\leqslant \left(\left|X_0 - \frac{\rho A_0}{\nu}\right| + \frac{|\rho|}{\nu}(\mathbb{E}\big[A_T^{2\theta}\big])^{1/2\theta}\right)^{2\theta}$$

$$< C(\nu, \beta, \rho, A_0, F_0). \tag{4-31}$$

因此,结合$(4-28)$,$(4-29)$,$(4-30)$,和$(4-31)$,可得

$$\mathbb{E}\big[|h(F_T) - h(\widetilde{F}_T)|\big] \leqslant C(\beta, \nu, A_0, F_0, h)(\mathbb{P}(\tau_0 \leqslant T) + \mathbb{P}(\widetilde{\tau}_0 \leqslant T))^{1/q}.$$

$$\tag{4-32}$$

注意定理 4.2.1 中公式$(4-2)$和$(4-23)$及其证明,我们得到$(4-9)$中的结论.

评注 4.3.3: 如果我们将 $\widetilde{g}(F_0) = (g(F_0) + (\rho/\nu)(A_T - A_0))^+$ 替换为 $\widetilde{g}(F_0) = |g(F_0) + (\rho/\nu)(A_T - A_0)|$,定理 4.2.2 中的结论仍然成立. 这是因为对于较小的 $T, g(F_0) + (\rho/\nu)(A_T - A_0) \leqslant 0$ 的概率是指数可忽略的(见引理 4.3.2).

四、结论

本章发展了 SABR 模型的 NFB 原理,以量化在零处的吸收边界对其概率分布和欧式期权价格的影响. 更准确地说,我们得到 SABR 击中 0 的概率在时间范围趋于 0 时指数衰减到 0. 利用这一原理,我们证明了以波动

率为条件的远期价格分布可以近似为随时间变化的 Bessel 过程的分布,其误差指数可忽略,这为近年来出现的各种近似精确的仿真算法提供了理论依据.

附录 A　近似分布的精确模拟

本节提出一种基于定理 4.2.2 中给出的条件近似分布模拟样本路径的方法. 具体地说,如果 $\widetilde{F}_T$ 由式(6)条件的 A_0,A_T,和 Δ 的密度决定,则可以精确地生成 $\widetilde{F}_T$ 的样本. 精确模拟近似分布的算法来自 Chen & Liu(2011)以及 Cai et al.(2017).

步骤 1:给定 A_0,从 A_T 的分布中抽样. 回顾式(4-1),则可得

$$A_T = A_0 \exp\left(-\frac{1}{2}\nu^2 T + \nu W_T\right) \overset{d}{=\!=} A_0 \exp\left(-\frac{1}{2}\nu^2 T + \nu\sqrt{T}Z\right),$$

$$\overset{d}{=\!=}\text{为同分布符号)}$$

其中 Z 服从标准正态分布. 因此,我们可以生成一个标准的正态随机变量 $Z \sim \mathcal{N}(0,1)$ 代替 A_T.

步骤 2:从 Δ 进行抽样,给定 A_0 和 A_T. 基于 Laplace 变换反演的方法可以用于根据条件为 A_0 和 A_T 的 Δ 生成一个样本(Chen and Liu 2011,第 2.2.2 节;Cai et al. 2017,第 3.2 节). 更准确地说,对于 $x > 0$,令 $h(x) = (1-\rho^2)/x$. 回顾式(4-7)中定义,令

$$G_h(y) \coloneqq \mathbb{P}(h(\Delta) \leqslant y \mid A_0, A_T) \equiv \mathbb{P}((\textstyle\int_0^T A_t^2 dt)^{-1} \leqslant y \mid A_0, A_T), \, y \geqslant 0.$$

对于 $\xi > 0$, $G_h(\cdot)$ 的 Laplace 变换由下式给出(Matsumoto and Yor 2005, Cai et al. 2017)

$$\widehat{G}_h(\xi) \coloneqq \int_{\mathbb{R}_+} e^{-\xi y} G_h(y) dy = \frac{1}{\xi} \exp\left(-\frac{\phi_{\ln(A_T/A_0)}^2 (\xi \nu^2 / A_0^2) - \ln^2(A_T/A_0)}{2\nu^2 T}\right),$$

其中,$\phi_x(\lambda) = \mathrm{argcosh}(\lambda e^{-x} + \cosh(x))$, $\mathrm{argcosh}(\zeta) = \ln(\zeta + \sqrt{\zeta^2 - 1})$, $\cosh(\zeta) = e^\zeta + e^{-\zeta}/2$. 因此,我们可以通过例如 Abate & Whitt(1992)的算法对 Laplace 变换 $\widehat{G}_h(\cdot)$ 进行数值反演,得到函数 $G_h(\cdot)$.

从标准均匀分布生成样本 $U \sim U(0,1)$. 求方程 $G_h(V) = U$ 的根. 则 $h^{-1}(V) = 1 - \rho^2 / V$ 是给定 A_0 和 A_T 的 Δ 的一个样本.

步骤 3:从近似分布 $\widetilde{F}_T$ 抽样,给定 F_0, A_0, A_T, 和 Δ. 回忆 F_T 的近似分布,对 F_0, A_0, A_T, 和 Δ 施加条件,由式(6)给出. 生成样本 $U \sim \mathcal{U}(0,1)$;若 $U \leqslant 1 - Q\left(\dfrac{\widetilde{g}^2(F_0)}{\Delta}; 2\theta\right)$,则集合 $\widetilde{F}_T = 0$;否则,通过解下列方程找到 $\widehat{U}$

$$\mathbb{P}(\widetilde{F}_T \leqslant \widehat{U} \mid \Delta, A_0, A_T) = 1 - Q\left(\frac{\widetilde{g}^2(F_0)}{\Delta}; 2\theta, \frac{g^2(\widehat{U})}{\Delta}\right) = U,$$

则集合 $\widetilde{F}_T = \widehat{U}$.

附录 B　无套利情况下生存概率和看涨期权价格的 PDE

令 $\tau_t^F \coloneqq \min\{s \geqslant t; F_s = 0\}$. 考虑下列具有支付函数 $h(\cdot)$ 的条件期望

$$\varphi_h(t,f,a)=\mathbb{E}\big[h(F_T)\mathbf{1}_{\{\tau_t^F>T\}}\,|\,F_t=f,A_t=a\big].$$

若 $h(F)=(F-K)^+$，则 $\varphi_h(t,f,a)$ 与无套利情况下看涨期权价格一致
（Yang et al. 2017，公式（4））. 若 $h(F)=1$，则 $\varphi_h(t,f,a)$ 表示远期价格在
T 之前不达到 0 的概率，即生存概率.

此外，函数 $\varphi_h(t,f,a)$ 是以下 PDE 的解（Yang et al. 2017，定理 1；
Yang and Wan 2018，定理 2.1）：

$$\frac{\partial \varphi_h}{\partial t}+\frac{1}{2}\left(a^2 f^{2\beta}\frac{\partial^2 \varphi_h}{\partial f^2}+2\rho\nu a^2 f^{\beta}\frac{\partial^2 \varphi_h}{\partial f \partial a}+\nu^2 a^2 \frac{\partial^2 \varphi_h}{\partial a^2}\right)=0, \qquad \text{(A1)}$$

边界与终点条件

$$\varphi_h(t,0,a)=0,\ \varphi_h(T,f,a)=h(f). \qquad \text{(A2)}$$

为了得到看涨期权价格的基准和击中（生存）概率，我们数值求解了方
程（方程（A1））具有边界和终端条件的 PDE（方程（A2））. 具体来说，我们
使用 In't Hout & Foulon（2010）提出的 Alternative Direction Implicit
（ADI）算法来求解相关的偏微分方程；我们将（F，A）的区域截短为 $[0,2]\times$
$[0,2]$，对变量 F 和 A 分别离散 2 500 步和 200 步. 时间的步数是 500. 所
有的数值实验都是在 Matlab R2017b 环境和 Intel（R）Core（TM）2 Quad
CPU Q9400@2.66GHZ 的台式机上进行的.

第五章　SABR 模型的概率特征与密度展开式

一、SABR 模型及主要结果

(一) SABR 模型

考虑一个概率空间 $(\Omega, \mathcal{F}, \mathbb{P})$，在其上定义两个独立的布朗运动 $\{B_t, 0 \leqslant t \leqslant T\}$ 和 $\{W_t, 0 \leqslant t \leqslant T\}$. 设 $\{\mathcal{F}_t^B, 0 \leqslant t \leqslant T\}$ 和 $\{\mathcal{F}_t^W, 0 \leqslant t \leqslant T\}$ 分别为两个布朗运动产生的信息流域. 定义 $\mathcal{F}_t = \mathcal{F}_t^B \otimes \mathcal{F}_t^W$. F_t 和 A_t 分别为标的资产在 t 时刻的远期价格和波动率,对于任意 $t \in [0, T]$. Stochastic-alpha-beta-rho (SABR)模型由以下随机微分方程系统表示:

$$\begin{cases} dF_t = A_t F_t^\beta \left[\sqrt{1-\rho^2}\, dB_t + \rho dW_t \right]; \\ dA_t = \nu A_t dW_t, \end{cases} \qquad (5-1)$$

其中 $\beta \in [0,1]$, $\nu > 0$, $\rho \in (-1,1)$, 初始点 F_0 和 A_0 是正的. 参数 ν 称为波动率的波动率(vol-of-vol), 它在接下来的 SABR 模型的概率展开中起重要作用. 很明显, 这是一个随机波动模型, 其中标的价格 F_t 遵循 CEV 型扩散过程和由几何布朗运动给定的波动率 A_t 的动态学.

为了确定 SABR 模型解的存在性和唯一性, 我们需要为过程 $\{F_t, 0 \leqslant t \leqslant T\}$ 指定一个 $F=0$ 的边界条件, 因为 CEV 型动态规范现在可以使其击中零. 我们必须施加一个金融方面的要求: 0 应该是 F_t 的吸收边界; 也就是说, 如果 F_t 到 0 时, 它就会一直在那里. 反射边界是不合适的, 因为它会导致套利机会: 我们可以在 F_t 达到 0 时以零成本买入远期合约, 并在 F_t 反射回正值区域时卖出获利. 可以参考 Rebonato, McKay, and White(2009)的第 48 页进行详细的讨论. 从现在开始, 我们对模型进行如下假设:

假设 1: 0 是 F_t 的吸收边界.

在吸收边界的假设下, Lions and Musiela(2007)和 Hobson(2010)证明了方程(5-1)在爆炸前存在弱解. 在此基础上, 我们进一步证明了强解的存在唯一性. 我们称 $S = \lim_{n \to \infty} S_n$ 为模型(5-1)的爆炸时间, 其中

$$S_n = \inf \left\{ t > 0 : \ F_t \leqslant \frac{1}{n}, \text{ or } F_t \geqslant n, \text{ or } A_t \leqslant \frac{1}{n}, \text{ or } A_t \geqslant n \right\}.$$

容易看出, 对于 $\beta \in [0,1)$, $S = \inf\{t > 0 : F_t = 0\}$, 因为根据 Lions and Musiela(2007)和 Andersen and piterbara(2007), 对于每个 $t \in [0,T]$, F_t 具有有限矩, 并且 A_t 不会像几何布朗过程那样爆炸. 我们得到

命题 5.1.1: SABR 模型直到爆炸时间 S 前具有唯一的强解.

证明：Lions & Musiela(2007)和 Hobson(2010)证明了(5-1)的弱解的存在性. 注意,过程的扩散系数是局部 Lipschitz. 则我们只需遵循 Karatzas & Shreve (1991)中的定理5.2.5的证明,就可以得到解的强唯一性. 根据 Karatzas and Shreve (1991)的推论5.3.23,弱存在和强唯一性直接暗示了强解存在直至爆炸.

(二) 本章的主要结果

在本章中,一个主要的结果是我们发展了一个联合跃迁概率函数(the joint transition probability function)的近似

$$\mathbb{P}(F_T \in dF, A_T \in dA \mid F_0, A_0), \forall F \in [0, +\infty) \text{ and } A \in (0, +\infty),$$

对 SABR 模型进行了概率分析. 展开的结果见第三节的定理5.2.2. 该函数可以进行如下扩展：

$$\mathbb{P}(F_T \in dF, A_T \in dA \mid F_0, A_0)$$

$$= \left\{ g(F,A) \cdot \sum_{m=0}^{n} \nu^m g_m(F,A) \right\} dFdA + \text{Error} \tag{5-2}$$

当 ν, A_0 和 T 较小时,(5-2)中的误差(error)项是这些参数组合的多项式阶数(见定理5.2). 展开式(5-2)的优点之一是所有系数都可以显式得到.

建立展开式有三个步骤. 首先,我们发展 NFB 原理(principle of not feeling the boundary)来考虑吸收边界的影响(见第二节中的关键引理5.2). 因此,SABR 模型不会允许套利机会. 实际上,我们给出了在 SABR 模型中标的过程达到一个小的正水平的估计. 这个估计表明,由于初始波动率、波动率的波动率(vol-of-vol)和期限都非常小,击中概率指数可忽略

不计. 因此,现有的方法和结果都很好,因为它们本质上都是较小的时间或总波动率的波动率,在此情况下过程将 NFB(*not feel the boundary*). 先前的文献没有考虑原点处的边界条件,尽管它们的展开对参数的某些范围是有效的. 相反,我们给出了一个严格的表述来描述 SABR 模型吸收边界的影响.

关于 NFB 原理(*principle of not feeling the boundary*)的讨论可以追溯到 Kac (1951). 类似的思想出现在 Gatheral et al. (2012)首次在金融工程中处理局部波动率模型. 与这些一维模型相比,我们对二维相关过程的击中概率估计是非平凡的估计(non-trivial).

第二,利用初始点偏移的时变 Bessel 过程,通过对击中概率的估计,建立了 SABR 模型的近似;从直观上看,SABR 模型类似于一个随时间变化的 CEV 过程,注意到 CEV 过程等价于 Bessel 过程,因此当初始波动率、波动率的波动率和期限较小时,SABR 模型可以近似为时变 Bessel 过程. 这种近似产生了一个指数级可忽略的误差.

第三,基于 SABR 模型的时变 Bessel 过程近似,通过随机 Taylor 展开(见定理 2.2)得到第 2.3 节中的联合跃迁密度. 在波动过程是一种几何布朗运动的条件下,时变 Bessel 过程的跃迁密度具有一个时间尺度,即积分平方波动率过程. 虽然相关的条件分布可以用 Hartman-Watson 密度表示(见 Hartman & Waston (1974)和 Yor (1992)),但正如 Barrieu、Rouault & Yor(2004)以及 Boyle & Potapchik(2006)等人所观察到的,Hartman-Watson 密度的数值计算是出了名的不稳定. 我们设法克服这一障碍,引入随机 Taylor 展开,这导致简单和足够准确的解决方法.

本章组织如下. 在本节中,我们将介绍 SABR 模型,具体化吸收边界,给出结果表明 SDE 直到爆炸有独特的强大的解决方案. 第二节讨论了

NFB 原理（principle of not feeling the boundary）和时变 Bessel 过程的 SABR 模型的近似. 在第三小节中,我们讨论了如何得到 SABR 模型的渐近联合密度. 通过第四小节中的一些数值例子,我们展示了联合密度近似的优点. 所有的技术证明都在附录中.

作为本节的结尾,我们在这里介绍一些常用的符号和函数.

符号:

$$
\begin{cases}
\delta = 1 - \dfrac{\beta}{(1-\beta)(1-\rho^2)}, \\[2mm]
\rho^\perp = \sqrt{1-\rho^2}, \\[2mm]
\Delta_0 = (1-\rho^2)A_0^2 T, \\[2mm]
\Delta = (1-\rho^2)A_0 \displaystyle\int_0^T \exp(-\nu^2 s + 2\nu W_s)\,ds, \\[2mm]
(\alpha)_m = \alpha \cdot (\alpha+1)\cdots(\alpha+m-1),\ (\alpha)_0 = 1. \\[2mm]
x_0 = F_0^{1-\beta}/(1-\beta) + \rho(A-A_0)/\nu, \\[2mm]
X_0 = F_0^{1-\beta}/(1-\beta), \\[2mm]
X = F^{1-\beta}/(1-\beta), \\[2mm]
\widetilde{X}_0 = X_0 + \rho(A_T - A_0)/\nu, \\[2mm]
\widetilde{F}_0 = (F_0^{1-\beta} + \rho(1-\beta)(A_T - A_0)/\nu)^{\frac{1}{1-\beta}}.
\end{cases}
$$

函数:

- $\Gamma(\alpha) = \displaystyle\int_0^\infty x^{\alpha-1} e^{-x}\,dx$, Gamma 函数.

- $\gamma(\alpha,z) = \displaystyle\int_z^{+\infty} x^{\alpha-1} e^{-x}\,dx$, $\Gamma(\alpha,z) = \displaystyle\int_z^{+\infty} x^{\alpha-1} e^{-x}\,dx$, 分别为下与上不完全 Gamma 函数.

- $I_a(z) = \sum\limits_{m=0}^{+\infty} \frac{1}{m!\,\Gamma(m+\alpha+1)} \left(\frac{z}{2}\right)^{2m+\alpha}$，修正的第一类 Bessel 函数.

对于 $\alpha > -\dfrac{1}{2}$ 的两种替代（见：Watson (1922)第 204 页）

$$
\begin{cases}
I_a(z) = \dfrac{e^z}{\sqrt{2\pi z}} \sum\limits_{m=0}^{+\infty} \dfrac{(1/2-\alpha)m}{m!\,(2z)^m} \dfrac{\gamma(m+\alpha+1,2z)}{\Gamma(\alpha+1)}, \\[4mm]
I_a(z) = \dfrac{2\,(2z)^\alpha e^z}{\Gamma\left(\alpha+\dfrac{1}{2}\right)\Gamma\left(\dfrac{1}{2}\right)} \sum\limits_{m=0}^{\infty} \dfrac{\left(\dfrac{1}{2}-\alpha\right)m}{m!} \int_0^1 u^{2\alpha+2m} \exp(-2u^2 z)\,du.
\end{cases}
$$

- $Lip[0,+\infty) = \Big\{ f:[0,\infty) \to \mathbb{R} \ \Big|\ \forall x,y \in [0,+\infty),\ \exists M_f > 0, s.\,t.$

$\dfrac{|f(x)-f(y)|}{|x-y|} \leqslant M_f \Big\}$，定义在 $[0,+\infty)$ 上的一类 Lipschitz 函数.

二、用时变 Bessel 过程逼近 SABR 模型

作为建立展开式(5-2)的第一步，我们将在本节中得到一个近似于 F_T 的边际分布，即 $\mathbb{P}(F_T \in dF)$. 固定 $l > 0$. 令

$$
X_t = \frac{F_t^{1-\beta}}{1-\beta}, \ \forall\, t \in [0,T]. \tag{5-3}
$$

和

$$
\tau_l = \inf\{t \geqslant 0 : X_t = F_t^{1-\beta}/(1-\beta) \leqslant l\}.
$$

在停止时间 τ_l 之前对 F 应用变换(5-3)，Ito 公式表明，

$$X_{T \wedge \tau_l} = X_0 + \frac{\rho}{\nu}(A_{T \wedge \tau_l} - A_0) + \rho^{\perp} \int_0^{T \wedge \tau_l} A_s dB_s + \int_0^{T \wedge \tau_l} \frac{(1-\delta)(\rho^{\perp} A_s)^2}{2X_s} ds.$$

$$(5-4)$$

本节的关键观测是,给定 F_0、A_0 和 $\mathcal{F}_T^W$,$X_{T \wedge \tau_l}$ 可近似看作是 δ 维度时变 Bessel 过程的终值,按时钟运行(running according to a clock)

$$\phi(t) = (1-\rho^2)\int_0^t A_s^2 ds, t \in [0, T],$$

$$(5-5)$$

从下式的初始值开始

$$X_0 + \rho(A_{T \wedge \tau_l} - A_0)/\nu.$$

$$(5-6)$$

根据此观测值,我们可以得到 $X_{T \wedge \tau_l}$ 的概率密度的显式近似. 当 l 足够小时,这个密度精确地近似了 X_T 的密度(相当于 F_T),在吸收边界假设下.

让我们在下面介绍细节. 首先,引入一个辅助流程:对于任何给定的确定性正连续函数 $\varphi:[0, T] \to (0, +\infty)$,令

$$Y_t = Y_0 + \int_0^t \varphi(s) dB_s + \int_0^t \frac{(\delta-1)\varphi^2(s)}{2Y_s} ds,$$

$$(5-7)$$

其中 $Y_0 > 0$. 假设 $Y = 0$ 是 Y_t 的吸收边界,(5-7)中的过程对于信息过滤$\{\mathcal{F}_t^B, 0 \leqslant t \leqslant T\}$ 存在一个唯一的强解. 很容易看出,这是一个随时间变化的 Bessel 过程,其时钟为 $\int_0^t \varphi^2(s) ds$. 为了强调时钟和初始点,从现在起我们用以下符号表示这个过程

$$Y = Y(Y_0, \varphi(\cdot))$$

此外,我们显示

引理 5.2.1(时变 Bessel 过程):对于任意固定的 $t > 0$,(5-7)中 Y_t 的跃迁密度,从 $Y_0 > 0$ 开始,给出如下:

$$p_\varphi(t;Y_0,y) = \begin{cases} \dfrac{Y_0^{1-\delta/2}\,y^{\delta/2}}{\displaystyle\int_0^t \varphi^2(s)ds}\exp\left(-\dfrac{Y_0^2+y^2}{2\displaystyle\int_0^t \varphi^2(s)ds}\right)I_{1-\frac{\delta}{2}}\left(\dfrac{Y_0 y}{\displaystyle\int_0^t \varphi^2(s)ds}\right), & y>0; \\[2em] \dfrac{1}{\Gamma(1-\delta/2)}\Gamma\left(1-\dfrac{\delta}{2},\dfrac{Y_0^2}{2\displaystyle\int_0^t \varphi^2(s)ds}\right), & y=0. \end{cases}$$

使用 the generic Y，我们在概率空间$(\Omega,\mathcal{F})$上构造一个新的过程$\widetilde{X}$．在$\{A_t:0\leqslant t\leqslant T\}$的样本路径上条件化，如果它在以下集合中

$$\Lambda = \left\{\omega\in\Omega: X_0+\frac{\rho}{\nu}(A_T(\omega)-A_0)>0\right\},$$

令

$$\widetilde{X}_t = Y_t(\widetilde{X}_0,\rho^\perp A(\,\cdot\,)), t\in[0,T], \tag{5-8}$$

其中

$$\widetilde{X}_0 = X_0+\frac{\rho}{\nu}(A_T-A_0).$$

如果 A 的路径在 Λ^c 中，简单地设$\widetilde{X}_t\equiv0, t\in[0,T]$．注意，我们的构造是可行的，因为 A 的驱动布朗运动是独立于 B 的，B 在$(5-7)$中被用来定义 Y．引理 2.1 给定 $\mathcal{F}_T^W$ 生成$\widetilde{X}$的条件分布．当$\widetilde{X}_0\leqslant0$ 时，根据构造$\mathbb{P}(\widetilde{X}_T=0)=1$，当$\widetilde{X}_0>0$ 时，其分布密度由 $p_{\rho^\perp A}(T;\widetilde{X}_0,\,\cdot\,)$决定．

直观地，结合$(5-8)$和$(5-7)$，我们知道$\widetilde{X}_t$的动态（在 Λ 集合）是由下式决定

$$\widetilde{X}_T = X_0+\frac{\rho}{\nu}(A_T-A_0)+\rho^\perp\int_0^T A_s dB_s+\int_0^T \frac{(1-\delta)\,(\rho^\perp A_s)^2}{2\,\widetilde{X}_s}ds.$$

$$\tag{5-9}$$

引理 2.2 中的 NFB 原理（principle of not feeling the boundary）表明，当

$A_0\sqrt{T}$ 和 ν 都很小时,$\mathbb{P}(\tau_l \leqslant T)$ 的概率指数级可忽略. 这意味着,$T \wedge \tau_l \approx T$. 此外,当 l,ν 和 A_0 足够小时,我们可以证明 $\mathbb{P}(\Lambda^c) \approx 0$(参考引理 A. 2). 因此,将(5-9)与(5-4)在这样的"小参数"状态下进行比较将导致

$$X_{T \wedge \tau_l} \approx \widetilde{X}_T. \qquad (5-10)$$

我们已经通过构造建立了 $\widetilde{X}_T$ 的概率密度. 这就近似地给出了 $X_{T \wedge \tau_l}$ 的概率密度. 更准确地说,我们证明了下面的引理:

引理 5. 2. 2(NFB(*not feeling the boundary*)):对于任意 $l \in [0, X_0/12)$,则存在一个常数 C(依赖于 F_0、β 和 ρ,与 l 和 ν 无关)使得

$$\lim_{\nu \to 0} \mathbb{P}(\tau_l \leqslant T) \leqslant C \cdot A_0\sqrt{T} \exp\left(-\frac{X_0^2}{24A_0^2 T}\right). \qquad (5-11)$$

引理 5.2.2 表明,当 ν 和 $A_0\sqrt{T}$ 很小时,SABR 过程以指数级可忽略的概率达到 0. 因此,忽略 SABR 模型在原点附近的行为(就像我们在(5-10)中所做的那样)只会对下面的渐近密度展开产生指数级可忽略的误差. 我们注意到,Hsu (1995)和 Gatheral et al. (2012)也曾就 NFB 原理进行过类似的讨论. Hsu (1995)推导了光滑流形(smooth manifold)上定义的一般扩散过程的跃迁密度函数的原理. Gatheral et al. (2012)将这一原理应用于一类一维局部波动率模型的隐含波动率渐近展开.

定义一个新随机变量

$$\widetilde{F}_T = ((1-\beta)\widetilde{X}_T)^{\frac{1}{1-\beta}}. \qquad (5-12)$$

借助引理 5.2.2,我们进一步证明了下面的定理,它表明 SABR 模型中 F_T 的边际分布可以在弱意义上近似于 $\widetilde{F}_T$ 的分布.

定理 5. 2. 3:假定假设 1 成立. 对于任意具有 Lipschitz 常数 M_h 的 $h \in Lip[0, +\infty)$,我们有

$$\lim_{\nu \to 0} \mathbb{E}\big[\,|\,h(F_T) - h(\widetilde{F}_T)\,|\,\big] \leqslant C \cdot A_0 \sqrt{T} \exp\Big(-\frac{F_0^{2(1-\beta)}}{24\,(1-\beta)^2 A_0^2 T}\Big),$$

$$(5-13)$$

其中 C 是常数,仅依赖于 F_0, β, ρ 和 M_h.

根据定理 5.2.3,当 ν 足够小时,

$$\mathbb{E}[h(F_T)] = \mathbb{E}[h(\widetilde{F}_T)] + O\Big(A_0 \sqrt{T} \exp\Big(-\frac{1}{A_0 \sqrt{T}}\Big)\Big),$$

其中当 A_0 趋于 0 时,余数按指数衰减. 注意,普通欧式期权的收益主要是 Lipschitz 连续的. 因此,在小参数 SABR 模型下,计算 $\mathbb{E}[h(\widetilde{F}_T)]$ 就足以为此类期权定价.

使用条件期望的塔定律(tower law of conditional expectations),

$$\mathbb{E}[h(\widetilde{F}_T)] = \mathbb{E}^W\big[\mathbb{E}[h(\widetilde{F}_T) \mid \mathcal{F}_T^W]\big] = \mathbb{E}^W\Big[\int_0^{+\infty} h(F)\, \mathbb{P}(\widetilde{F}_T \in dF \mid \mathcal{F}_T^W)\Big].$$

$$(5-14)$$

回顾 $\widetilde{F}_T$ 与 $\widetilde{X}_T$ 相关 (参考(5-12)),$\widetilde{X}_T$ 的概率密度根据引理 5.2.1 明确知道. 我们可以得到 $\widetilde{F}_T$ 的条件概率分布,如下所示:当 $\widetilde{X}_0 > 0$ 时,

$$\mathbb{P}(\widetilde{F}_T \in dF \mid \mathcal{F}_T^W) = \Big[G(F, \Delta)\mathbf{1}_{\{F>0\}} + \frac{\gamma(1-\delta/2, \widetilde{X}_0^2/(2\Delta))}{\Gamma(2-\delta/2)}\delta_0(F)\Big]dF,$$

$$(5-15)$$

其中

$$G(F, \Delta) = \frac{(\widetilde{F}_0/F)^{(1-\beta)(1-\delta/2)} F^{1-2\beta}}{(1-\beta)\Delta} \exp\Big(-\frac{\widetilde{F}_0^{2(1-\beta)} + F^{2(1-\beta)}}{2\,(1-\beta)^2 \Delta}\Big) I_{1-\frac{\delta}{2}}\Big(\frac{(\widetilde{F}_0 \cdot F)^{1-\beta}}{(1-\beta)^2 \Delta}\Big)$$

和

$$\widetilde{F}_0 = (\widetilde{X}_0 \cdot (1-\beta))^{\frac{1}{1-\beta}} = \Big(F_0^{1-\beta} + \frac{\rho}{\nu}(1-\beta)(A_T - A_0)\Big)^{\frac{1}{1-\beta}},$$

并且 δ_0 是 Dirac delta 函数. 结合(5-14)和(5-15),正如我们将在下节展示那样,

$$\mathbb{E}[h(\widetilde{F}_T)]=\mathbb{E}^W\Big[\int h(F)G(F,\Delta)1_{\{F>0\}}\,dF\Big]+O\Big(A_0\sqrt{T}\exp\Big(-\frac{1}{A_0\sqrt{T}}\Big)\Big).$$

上述近似表明,我们可以从 $\mathbb{E}^W[G(F,\Delta)]$ 得到边际分布 $\mathbb{P}(F_T\in dF)$. 我们将在下一节中使用渐近展开来处理它.

三、展开步骤

在这一节中,我们详细介绍了导致 $\mathbb{E}^W[G(F,\Delta)]$ 渐近展开的主要步骤,并分析使用它来估计 $\mathbb{E}[h(\widetilde{F}_T)]$ 的近似误差. 当我们试图计算 $\mathbb{E}^W[G(F,\Delta)]$ 时,出现了两个障碍. 第一个是 G 中包含的修正 Bessel 函数引起的. 它包含无穷级数,几种使我们的展开更易于计算的截断是不可避免的. 第二个来自路径积分的分布 $\Delta=(\rho^\perp)^2\int_0^T A_s^2\,ds$. 很容易将 $G(F,\Delta)$ 与 Δ 的分布函数进行积分来计算 $\mathbb{E}^W[G(F,\Delta)]$. 然而,$\Delta$ 的 pdf 包含了 Hartman-Watson 分布,这是非常难以计算的,特别是对于较小的 $A_0\sqrt{T}$. 如 Yor(1992), Barrieu, Rouault, and Yor(2004), Boyle & Potapchik(2006)等人观察到,当 $A_0\sqrt{T}$ 趋于 0 时,分布函数的振荡频率和幅值(magnitude)都迅速趋于无穷大. Boyle & Potapchik(2006)在计算过程中使用 90 位的精度来产生足够精确的近似. 尽管如此,从计算效率的角度来看,这一点都不

吸引人.

为了克服第一个障碍,关键观测是当参数 A_0 和 ν 很小时,$\triangle$ 在平均意义上非常"小". 因此,

$$\frac{(\widetilde{F}_0 \cdot F)^{1-\beta}}{(1-\beta)^2 \triangle}$$

将会很大. 我们需要使用带有大参数的修正 Bessel 函数的下列渐近展开,该展开可以在 Olver (1974) 的 269 页的 Ex13.2 和 Ex13.3 中建立.

引理 5.3.1: 对于非负实数 $\alpha, z>0$ 和 $n>\alpha-1/2$,存在一个不依赖于 z 的常数 C,使得

$$\left| I_\alpha(z) - \frac{e^z}{\sqrt{2\pi z}}\left\{ \sum_{m=0}^{n-1} u_m z^{-m} \right\} \right| \leqslant C \left| \frac{e^z}{\sqrt{2\pi z}} u_n z^{-n} + \frac{e^{-z}}{\sqrt{2\pi z}} \right|,$$

其中

$$u_m = \frac{(1/2-\alpha)_m (1/2+\alpha)_m}{m! \ 2^m}, m=0,1,2,\cdots.$$

我们可以使用引理 5.3.1 中的多项式截断 $I_\alpha(z)$. 得到 $G(F,\triangle)$ 的近似值如下:

$$G_k(F,\triangle) = \frac{(\widetilde{F}_0/F)^{(1-\beta)(1-\delta)/2} F^{-\beta}}{\sqrt{2\pi\triangle}} \exp\left(-\frac{(\widetilde{F}_0^{(1-\beta)} - F^{(1-\beta)})^2}{2\ (1-\beta)^2 \triangle} \right) \cdot \left\{ \sum_{m=0}^k U_m \triangle^m \right\},$$

$$(5-16)$$

其中

$$U_m = \frac{\left(\dfrac{\delta}{2} - \dfrac{1}{2} \right)_m \left(\dfrac{3}{2} - \dfrac{\delta}{2} \right)_m}{m! \ 2^m} \left(\frac{(\widetilde{F}_0 \cdot F)^{1-\beta}}{(1-\beta)^2} \right)^{-m}, m=0,1,2,\cdots,k.$$

对于任意 $k \geqslant 0$. 注意新函数 G_k 只包含一些初等函数,这将为我们的算法带

来很大的计算优势.

我们可以通过引入一类摄动的几何布朗运动来解决第二个障碍

$$dA_t^{(\epsilon)} = \epsilon \nu A_t^{(\epsilon)} dW_t$$

对于任意$\epsilon \in [0,1]$. 对每一 $A^{(\epsilon)}$, 路径积分

$$\Delta^{(\epsilon)} = \frac{\Delta_0}{T} \int_0^T \exp(-\epsilon^2 \nu^2 t + 2\epsilon \nu W_t) dt.$$

容易看出, 我们的目标 $G_k(F, \Delta)$ 等于 $G_k(F, \Delta^{(1)})$. 应用 Taylor 展开的思想, 我们可以通过使用 $G_k(F, \Delta^{(\epsilon)})$ 关于ϵ在$\epsilon = 0$ 处的所有导数展开 $G_k(F, \Delta^{(1)})$, 获得

$$G_k(F, \Delta) \approx G_k^m = \sum_{m=0}^n \frac{1}{m!} \frac{\partial^m G_k(F, \Delta^{(\epsilon)})}{\partial \epsilon^m} \bigg|_{\epsilon=0}. \qquad (5-17)$$

此外, 注意 $\Delta^{(\epsilon)}$ 的展开由下式给出

$$\Delta^{(\epsilon)} = \Delta_0 (1 + \epsilon \nu \Delta_1 + \epsilon^2 \nu^2 \Delta_2 + \cdots + \epsilon^n \nu^n \Delta_n + O((\epsilon \nu)^{n+1}))$$

其中

$$\Delta_0 = (1 - \rho^2) A_0^2 T, \Delta_n = \frac{1}{T} \int_0^T H_n(2W_t, 2t) dt, n = 1, 2, \cdots,$$

并且$H_n(x,t)$由 Hermite 多项式定义, 即

$$H_n(x,t) = \frac{(-\sqrt{t})^n}{n!} e^{\frac{x^2}{2t}} \frac{d^n}{dx^n} e^{-\frac{x^2}{2t}}.$$

特别地, $H_1(x,t) = x$ 和 $H_2(x,t) = \frac{x^2}{2} - \frac{t}{2}$. 见 Karatzas & Shreve (1991) 中的 Exercise 3.3.31.

令 G_k^n 表示 $G_k(F, \Delta^{(\epsilon)})$ 在$\epsilon = 1$ 处 Taylor 展开形式的前 $n+1$ 项, 则

$$G_k^n = \sum_{m=0}^{n} \frac{1}{m!} \frac{\partial^m G_k(F, \Delta^{(\epsilon)})}{\partial \boldsymbol{\epsilon}^m}\Bigg|_{\boldsymbol{\epsilon}=0} = \widehat{g} \cdot (\widehat{g_0} + \nu \widehat{g_1} + \nu^2 \widehat{g_2} + \cdots + \nu^n \widehat{g_n})$$

$$(5-18)$$

其中 $\widehat{g}, \widehat{g_m}, m = 0, 1, 2, \cdots n$ 由下式给出

$$
\begin{cases}
\widehat{g} = \dfrac{(\widetilde{F}_0/F)^{(1-\beta)(1-\delta)/2} F^{-\beta}}{\sqrt{2\pi\Delta_0}} \exp\left(-\dfrac{(\widetilde{F}_0^{(1-\beta)} - F^{(1-\beta)})^2}{2(1-\beta)^2 \Delta_0}\right), \\[4mm]
\widehat{g_m} = \dfrac{1}{m!} \sum_{i+j=m} p_i \cdot q_j, \\[4mm]
p_i = \sqrt{\Delta_0} \exp\left(\dfrac{(\widetilde{F}_0^{(1-\beta)} - F^{(1-\beta)})^2}{2(1-\beta)^2 \Delta_0}\right)\dfrac{\partial^i}{\partial \boldsymbol{\epsilon}^i} \\[4mm]
\qquad \left[(\Delta^{(\epsilon)})^{-\frac{1}{2}} \exp\left(-\dfrac{(\widetilde{F}_0^{(1-\beta)} - F^{(1-\beta)})^2}{2(1-\beta)^2 \Delta^{(\epsilon)}}\right)\right]_{\boldsymbol{\epsilon}=0}, \\[4mm]
q_j = \sum_{r=0}^{k} U_r \Delta_0^r \cdot \left(\displaystyle\sum_{\substack{k_1+k_2+\cdots+k_r \leqslant r \\ k_1+2k_2+\cdots lk_r = j}} \dfrac{r!}{k_0! k_1! \cdots k_r!} ((\Delta_1)^{k_1} \cdots (r!\Delta_r)^{k_r})\right).
\end{cases}
$$

上式中的导数是布朗运动路径积分的多项式泛函. 通过使用条件期望的塔定律 $\mathbb{E}^W[\mathbb{E}^W[G_n^k \mid W_T]]$,我们可以完全去除边缘分布 $\mathbb{P}(F_T \in dF)$ 上的路径积分. 条件期望可由引理 A.4 中的迭代积分求出,其本质上是由布朗桥的矩函数显式确定的,见引理 A.5.

条件期望的前几项由下式给定

$$\mathbb{E}[\Delta_1 \mid W_T] = W_T, \mathbb{E}[\Delta_2 \mid W_T] = \frac{2}{3} W_T^2 - \frac{1}{6} T, \mathbb{E}[\Delta_1^2 \mid W_T] = W_T^2 + \frac{1}{3} T.$$

取条件期望,我们得到公式

$$\mathbb{E}^W[G_n^k \mid W_T] = \widehat{g} \cdot \left(\sum_{m=0}^{n} \nu^m \mathbb{E}^W[\widehat{g_m} \mid W_T]\right).$$

则波动率过程 A_t 的等价性及其驱动的布朗运动 W_t $\left(W_T = \dfrac{1}{\nu} \ln \dfrac{A_T}{A_0} + \dfrac{\nu T}{2}\right)$ 帮

助我们恢复了联合密度的主要部分.

$$\widehat{P}_k^n(F,A) = g(F,A) \cdot \Big\{ \sum_{m=0}^{n} \nu^m g_m(F,A) \Big\}.$$

其中

$$\begin{cases} g(F,A) = \dfrac{\widehat{g}}{\nu A \sqrt{2\pi T}} \exp\left(-\dfrac{\left(\dfrac{1}{\nu}\ln\dfrac{A}{A_0} + \dfrac{\nu T}{2} \right)^2}{2T} \right), \\[4mm] g_m(F,A) = \mathbb{E}^W \Big[\widehat{g}_m \,\Big|\, W_T = \dfrac{1}{\nu}\ln\dfrac{A}{A_0} + \dfrac{\nu T}{2} \Big], m = 0,1,2,\cdots,n. \end{cases}$$

最后,我们可以定义渐近联合密度 $P_k^n(F,A)$,其中下标和上标对应于截断和展开的顺序. 更精确地,

$$P_k^n(F,A) = \begin{cases} \widehat{P}_k^n(F,A), & (F,A) \in \Gamma, \\ 0, & \text{otherwise.} \end{cases} \qquad (5-19)$$

其中

$$\Gamma = [l, +\infty) \times \left(\Big\{ A : X_0 + \frac{\rho}{\nu}(A - A_0) > l \Big\} \bigcap (0, +\infty) \right), l > 0,$$

特别地,我们显示地求解出 $\widehat{P}_2^2$.

$$\widehat{P}_2^2(F,A) = g(F,A) \cdot \{ g_0(F,A) + \nu g_1(F,A) + \nu^2 g_2(F,A) \}. \tag{5-20}$$

其中 g, g_0, g_1 和 g_2 为

$$
\begin{cases}
g(F,A)=\dfrac{(\widetilde{F}_0/F)^{(1-\beta)(1-\delta)/2}}{\nu A F^{\beta}(2\pi)\sqrt{T\Delta_0}}\exp\left(-\dfrac{(\widetilde{F}_0^{(1-\beta)}-F^{(1-\beta)})^2}{2\,(1-\beta)^2\Delta_0}-\dfrac{\left(\dfrac{1}{\nu}\ln\dfrac{A}{A_0}+\dfrac{\nu T}{2}\right)^2}{2T}\right), \\[4mm]
g_0(F,A)=1+U_1\Delta_0+U_2\Delta_0^2, \\[3mm]
g_1(F,A)=\left[\left(-\dfrac{1}{2}+\dfrac{V}{2\Delta_0}\right)+\left(\dfrac{1}{2}+\dfrac{V}{2\Delta_0}\right)U_1\Delta_0+\left(\dfrac{3}{2}+\dfrac{V}{2\Delta_0}\right)U_2\Delta_0^2\right]\cdot W, \\[3mm]
g_2(F,A)=\left[\left(\dfrac{V^2}{24\Delta_0^2}-\dfrac{V}{3\Delta_0}+\dfrac{5}{24}\right)+\left(\dfrac{V^2}{24\Delta_0^2}-\dfrac{V}{6\Delta_0}-\dfrac{1}{24}\right)U_1\Delta_0\right. \\[4mm]
\qquad\qquad +\left(\dfrac{V^2}{24\Delta_0^2}-\dfrac{1}{8}\right)U_2\Delta_0^2\right]T+\left[\left(\dfrac{V^2}{8\Delta_0^2}-\dfrac{5V}{12\Delta_0}+\dfrac{1}{24}\right)\right. \\[4mm]
\qquad\qquad +\left(\dfrac{V^2}{8\Delta_0^2}+\dfrac{V}{12\Delta_0}+\dfrac{11}{24}\right)U_1\Delta_0+\left(\begin{array}{c}\dfrac{V^2}{8\Delta_0^2}+\dfrac{V}{12\Delta_0}\\[2mm]+\dfrac{11}{8}\end{array}\right)U_2\Delta_0^2\right]\cdot W^2, \\[4mm]
V=(\widetilde{F}_0^{(1-\beta)}-F^{(1-\beta)})^2/(1-\beta)^2,\ W=\dfrac{1}{\nu}\ln\dfrac{A}{A_0}+\dfrac{\nu T}{2}.
\end{cases}
$$

此外,我们可以展示

定理 5.3.2: 对于足够小的 $A_0\sqrt{T}$, 存在正常数 C,δ_1,δ_2, 由 F_0,β 和 ρ 决定且与 A_0 和 l 无关, 使得

$$
\lim_{\nu\to 0}\left|\iint_{\mathbb{R}_2^+}h(F)\left[\mathbb{P}(F\in dF,A\in dA)-P_k^n(F,A)dAdF\right]\right|
$$

$$
\leqslant C\left((A_0\sqrt{T})^{-\delta_1}\exp\left(-\dfrac{F_0^{2(1-\beta)}}{25\,(1-\beta)^2\,(A_0^2 T)^{\delta_2}}\right)+(A_0^2 T)^{\frac{9}{10}k+\frac{1}{2(1-\beta)}}\right)
$$

其中 $P_k^n(F,A)$ 由 $(5-19)$ 给出, $\widehat{P}_2^2$ 的显式公式由 $(5-20)$ 给出.

在下一节数值实验中, 我们将重点测试在 $(5-20)$ 中 $\widehat{P}_2^2$ 的准确性.

四、数值结果

本节是为了测试我们的渐近联合密度的准确性. 我们将(5-20)的显式渐近联合密度公式与之前的结果进行了比较, 特别是 Hagan, Lesniewski & Woodward(2005)的渐近边际密度, Wu(2012)的渐近联合密度和 Monte Carlo 方法-Euler 离散化. 为了监测 $F=0$ 时的吸收边界, 模拟的样本为 1000000 个, 本节的时间步长为 25200/年. 所有数值实验的代码都是用 Matlab R2009a 编写的, 运行在装有 Intel(R)Core(TM)2 Quad CPU Q9400@2.66GHZ 的 PC 台式机上. 设 $p(T,A_0,A_T,F_0,F_T)$ 或 $p(T,F_0,F_T)$ 表示所有情况下的跃迁密度, 以帮助我们说明算法.

(一) 密度

在本小节中, 我们比较了各种参数组下的联合密度和边缘密度的质量. Hagan, Lesniewski & Woodward(2005)在公式(90)中给出了边际密度的解析公式. Wu(2012)的公式(5-9)和我们的公式(5-20)仅给出联合密度, 这样我们可以通过数值积分得到边缘跃迁密度. 质量也通过数值积分得到.

为了简便起见, 本节采用了梯形法则进行数值积分, 尽管可以采用求积法来加快积分速度. 为了保证精度,我们将积分域截短为一个足够大的矩形域 $[F_l, F_u] \times [A_l, A_u]$ 来保证精确性,F 和 A 的格点分别为 N_F 和 N_A. 以 Hagan, Lesniewski & Woodward(2005)中的边际密度为例,则质量可以表示为

$$\int_{F_l}^{F_u} p(T, F_0, F) dF = \frac{F_u - F_l}{N_F} \left(\frac{p(T, F_0, F_l) + p(T, F_0, F_u)}{2} \right.$$
$$\left. + \sum_{m=1}^{N_F - 1} p\left(T, F_0, F_l + m \cdot \frac{F_u - F_l}{N_F}\right) \right),$$

类似地,我们可以写出联合密度和边际密度的质量公式.

除非另有说明,我们只需确定积分区域 $[F_l, F_u] \times [A_l, A_u]$ 和根据 F_0 的值计算网格点(grid points)数. 更精确地说,当 $F_0 = 0.1$ 时,我们设置积分域 $[0.0001 F_0, 5F_0] \times [0.001 A_0, 5A_0]$,网格点 $N_F = N_A = 2000$. 当 $F_0 = 100$ 时,我们设置积分域 $[0.0001 F_0, 12F_0] \times [0.0081 A_0, 8A_0]$,网格点 $N_F = 4000, N_A = 2000$. 该设置与(5-19)定义中的约束一致. 当 $F_0 = 1$ 时,我们仍然可以设置 $[F_l, F_u] = [0.0001 F_0, 5F_0]$,$[A_l, A_u] = [0.0001 A_0, A_0]$ 和 $N_F = N_A = 2000$.

例外的情况是,当我们固定 $F_0 = 1$ 和 $\rho \neq 0$,但是 A_0 改变了,我们需要修改 A_u,它由式(5-19)的定义决定,通常小于 $3A_0$. 设 $n_A = 1 - \frac{0.9999 \nu F_0^{1-\beta}}{\rho(1-\beta) A_0}$. 我们只需要在数值实验中考虑 $\rho < 0$,则波动率范围为 $[A_l, A_u] = [0.0001 A_0, n_A \cdot A_0]$. 在现实中,波动率与远期价格的负相关是预期现象,因此我们选择了负相关的参数. 如果需要确定波动率的范围,应参考(5-19)的定义.

下面是我们用来测试密度公式准确性的参数集(见表5-1). 在参数集的名称"Case XY"中,"X"表示远期价格的变化,"Y"表示参数的变化. 更具

体地说,"X=1,2,3"表示较小远期的情况 $F_0 = 0.1$,中等远期情况 $F_0 = 1$ 和较大远期的情况 $F_0 = 100$. "Y=a,b,c"分别表示初始波动率、vol-of-vol 和到期时间的变化.

表 5-1 参数集

Name	F_0	β	ρ	A_0	ν	T/year
Case 1a	0.1	0.9	0	[0.1, 0.5]	0.1	1
Case 1b	0.1	0.5	0	0.1	[0.1, 0.5]	1
Case 1c	0.1	0.5	0	0.1	0.1	[1/12, 1]
Case 2a	1	0.7	−0.3	[0.1, 0.5]	0.1	1
Case 2b	1	0.7	−0.3	0.2	[0.1, 0.5]	1
Case 2c	1	0.7	0	0.2	0.1	[1/12, 1]
Case 3a	100	0.99	−0.3	[0.1, 0.5]	0.1	1
Case 3b	100	0.7	0	0.2	[0.1, 0.5]	1
Case 3c	100	0.99	0	0.5	0.1	[1/12, 1]

表 5-2 为不同密度函数的概率质量结果. 其中,"Euler"为 Monte Carlo 基准获得的质量,"HLW05"为 Hagan, Lesniewski and Woodward (2005)中边际密度公式的数值积分结果,"WU12"为 Wu(2012)中的联合密度,"Prob"为我们的公式(5-20)中通过概率方法得到的结果,两者都是通过数值积分得到的. 我们在不同的参数集下比较它们,具体地,我们在不同远期价格 F_0 值下改变初始波动率、vol-of-vol 和到期时间的值. 所有公式关于基准的相对误差均小于 1%. 有趣的是,在几乎所有的情况下,我们的结果与 Monte Carlo 的结果吻合得很好. 在我们的大多数测试中,因为在 $F=0$ 处的吸收边界,我们没有看到太多的质量损失. 这是一个间接的说明,他们原来的方法,不考虑边界,在"质量损失"的意义上不差.

图 5-1 为边缘密度的对比. 边际密度"Euler"是由 Monte Carlo 得出的经

验密度,是基准."HLW05"直接从 Hagan, Lesniewski & Woodward (2005)的边际密度公式中绘制出来."WU12"和"Prob"分别来自 WU (2012)的(5-20)中和我们的联合密度沿波动率的数值积分. 在这些参数集上,虽然到期时间不大,但初始波动率和 vol-of-vol 都是显著的. 从图 5-1 中我们可以看出,$T=1month$ 时,虽然其他参数(初始波动率和 vol-of-vol)较大,但三个边际密度在非常短的到期日都符合 Monte Carlo. 在图 5-2 中,我们可以看到 WU(2012)的密度开始振荡,"HLW05"的峰值严格大于"Euler". 在最后两幅图中,随着到期时间的增加,WU(2012)的密度偏离基准——Monte Carlo, Hagan, Lesniewski and Woodward(2005)的密度偏离基准,尤其是高峰. 幸运的是,我们的密度在不同的参数集下保持接近基准,它似乎比其他任何两种方法都更合理.

表 5-2　当初始波动率,vol-of-vol 和到期时间变化时的概率质量

	Case 1a				Case 3a			
ν	Euler	Prob	HLW05	WU12	EUler	Prob	HLW05	WU12
0.1	1.0000	1.0000	1.0002	1.0000	1.0000	1.0000	1.0001	1.0000
0.2	1.0000	1.0000	1.0006	0.9999	1.0000	1.0000	1.0001	1.0000
0.3	1.0000	1.0000	1.0013	0.9998	1.0000	1.0000	1.0000	1.0000
0.4	1.0000	1.0000	1.0023	0.9997	1.0000	1.0000	1.0001	1.0000
0.5	1.0000	0.9997	1.0037	0.9995	1.0000	1.0000	1.0001	1.0000
	Case 1b				Case 2b			
ν	Euler	Prob	HLW05	WU12	EUler	Prob	HLW05	WU12
0.1	1.0000	1.0000	1.0002	0.9993	1.0000	1.0000	1.0002	1.0000
0.2	1.0000	1.0000	1.0002	0.9991	1.0000	1.0000	1.0006	0.9999
0.3	1.0000	1.0000	1.0002	0.9987	1.0000	1.0000	1.0013	0.9998
0.4	0.9999	1.0000	1.0006	0.9983	1.0000	1.0000	1.0023	0.9997
0.5	0.9996	0.9997	1.0013	0.9976	1.0000	0.9997	1.0037	0.9995

（续表）

	Case 2c				Case 3c			
T/y	Euler	Prob	HLW05	WU12	EUler	Prob	HLW05	WU12
1/12	1.0000	1.0000	1.0000	1.0000	1.0000	1.0000	1.0000	1.0000
3/12	1.0000	1.0000	1.0000	1.0000	1.0000	1.0000	1.0000	1.0000
6/12	1.0000	1.0000	1.0000	1.0000	1.0000	1.0000	1.0000	1.0000
1	1.0000	1.0000	1.0000	1.0000	1.0000	1.0000	1.0000	1.0000

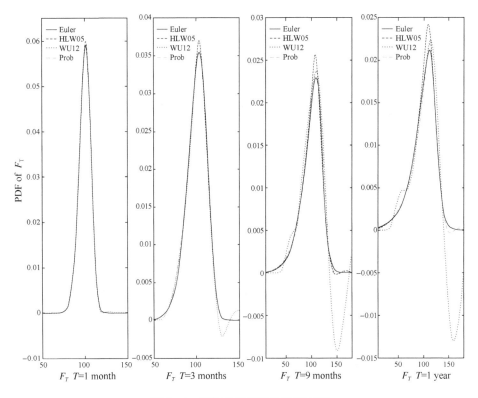

图 5-1 不同处理方法的边缘密度

注：$F_0 = 100, A_0 = 0.6, \beta = 0.8, \rho = -0.8, \nu = 0.8.$

(二) 隐含波动率

由于 SABR 模型被广泛适用于波动率微笑, 我们比较了 Hagan, Lesniewski & Woodward(2005)得到的隐含波动率以及我们的渐近联合密度(5 - 20)和 Wu(2012)在(5.9)中的公式的隐含波动率. 对于后两种方法, 我们首先通过数值积分计算欧式看涨期权价格, 就像我们在上面的密度部分所做的那样. 价格由下式给出

$$\mathbb{E}\big[(F_T - K)^+ \mid F_0\big] = \int_{[F_l, F_u] \times [A_l, A_u]} (F - K)^+ p(T, A_0, A, F_0, F) dA dF.$$

然后我们利用 Matlab 的内置函数"blsimpv"将期权价格转化为隐含波动率.

表 5 - 3 为 ATM 欧式看涨期权在不同参数集下的隐含波动率. "Euler"是由 Monte Carlo 得到的隐含波动率作为基准, "HLW05"来自 Hagan, Lesniewski and Woodward(2005)中的边际密度, "WU12"来自 Wu (2012)中的联合密度, "Prob"表示由公式(5 - 20)中得到的结果, 它们都是通过对期权价格的反求得到的, 由联合密度的数值积分得到. 和我们之前做的密度部分一样, 我们在远期价格 F_0 的不同值下改变初始波动率, vol-of-vol 和到期时间的值.

所有大于 1% 的公式相对于基准的相对误差都用下划线标出. 相对误差由 $\dfrac{|\text{Method-Euler}|}{\text{Euler}}$ 定义, 其中"Method"为"HLW05", "Prob"或"WU12". 对于"Prob"公式, 在具有"较小远期"和"较大初始波动率"的

Case 1a 中只有一个例外点. 相反,"WU12"中有几个误差大于 1% 的点. 一是 Case 1a 中的,与"较小远期"和"较大初始波动率"中的"Prob"相同. 其他的出现在 Case 2b 和 3b 的"较大 vol-of-vol"上,无论远期价格有多大. 对于"HLW05",误差不仅发生在"较大 vol-of-vol"和"较大初始波动率"的情况下,而且在 Case 3c 中,当到期时间增加时也会发生误差.

在图 5-2 中,我们测试了一组经过较长时间到期测试的参数. 参数取自 Doust(2012). 值得注意的是,我们的结果比 Hagan et al.(2002)的隐含波动率公式更接近 Monte Carlo. 虽然我们的方法看起来比 Hagan et al.(2002)更好,但是我们和 Monte Carlo 的差异在隐含波动率上仍然有 2%~4% 的误差,所以除了较小时间扩展之外,其他貌似合理的方法应该在这种极端情况下使用.

表 5-3　当初始波动率, vol-of-vol 和到期时间变化时的隐含波动率

	Case 1a				Case 2a			
A_0	Euler	Prob	HLW05	WU12	EUler	Prob	HLW05	WU12
0.1	12.61%	12.60%	12.58%	12.60%	10.01%	10.00%	9.96%	10.00%
0.2	25.22%	25.20%	24.97%	25.21%	20.01%	20.00%	19.77%	20.01%
0.3	37.86%	37.80%	36.87%	37.80%	30.01%	30.00%	29.31%	30.02%
0.4	50.31%	50.23%	47.77%	50.11%	39.92%	40.00%	38.48%	40.02%
0.5	63.03%	61.32%	56.53%	60.80%	49.92%	50.01%	47.12%	50.00%
	Case 2b				Case 3b			
ν	Euler	Prob	HLW05	WU12	EUler	Prob	HLW05	WU12
0.1	20.00%	20.00%	19.77%	20.01%	47.77%	47.79%	45.38%	48.01%
0.2	20.04%	20.02%	19.78%	20.13%	47.89%	47.89%	45.91%	48.69%
0.3	20.07%	20.07%	19.85%	20.46%	48.08%	48.07%	46.85%	50.09%
0.4	20.18%	20.14%	19.99%	21.17%	48.39%	48.31%	48.23%	52.64%
0.5	20.27%	20.23%	20.20%	22.55%	48.56%	48.63%	49.99%	57.04%

（续表）

	Case 1c				Case 3c			
T/y	Euler	Prob	HLW05	WU12	EUler	Prob	HLW05	WU12
1/12	31.62%	31.63%	31.60%	31.63%	47.76%	47.75%	47.62%	47.76%
3/12	31.64%	31.64%	31.56%	31.64%	47.87%	47.76%	47.31%	47.77%
6/12	31.69%	31.65%	31.51%	31.67%	47.84%	47.77%	<u>46.76%</u>	47.82%
1	31.70%	31.68%	31.40%	31.73%	47.84%	47.79%	<u>45.38%</u>	48.01%

注：隐含波动率对应于欧式看涨期权. 所有公式中相对于基准"Euler"的相对误差大于 1% 的用下划线标出.

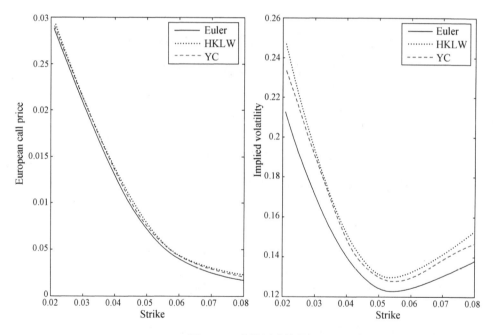

图 5-2 参数测试结果

注：$F_0=0.0488, A_0=0.026, \beta=0.5, \rho=-0.1, \nu=0.4, T=10$ years

附录 A　主要结果的证明

A.1. 技术引理

  引理 A.1:考虑(5-7)中定义的过程$\{Y_t\}$,对于给定的 $l\in[0,Y_0/6]$,令 $\tau_l^Y=\inf\{t\geqslant0:Y_t\leqslant l\}$. 那么,存在一个常数 $C>0$,仅依赖于 δ,使得

$$\mathbb{P}(\tau_l^Y\leqslant T)\leqslant C\sqrt{\phi(T)}\exp\left(-\frac{Y_0^2}{3\phi^2(T)}\right).$$

  证明:考虑 Bessel 过程 $\{Z_t\}$,维数为 δ(见(A.4)). 定义 $\tau_l^Z=\inf\{t\geqslant0:Z_t\leqslant l\}$. Byczkowski et al. (2013)已经得到,

$$\mathbb{P}\left(\tau_l^Z\leqslant\frac{t}{l^2}\right)$$

$$\leqslant C\int_0^t\frac{\exp\left(-\frac{(Y_0/l-1)^2}{2s}\right)}{\sqrt{2\pi s^3}}\frac{(Y_0/l-1)(Y_0/l)^{1-\delta}}{(1+(Y_0/l)^{\delta-2})(s^{1-\delta/2}+(Y_0/l)^{1-\delta/2})}ds$$

对于所有 $t\geqslant0$. 为了符号的简单性,我们继续使用相同的符号 C 来表示一个仅依赖于 δ 的通用常数,尽管其值可能会改变. 在上面的等式中令 $z=(Y_0/l-1)/\sqrt{s}$,我们可以进一步化简为

$$\mathbb{P}\left(\tau_l^Z \leqslant \frac{t}{l^2}\right) \leqslant C \cdot \left(\frac{Y_0}{Y_0 - l}\right)^{1-\delta} \int_{Y_0/l - 1/\sqrt{t}}^{+\infty} e^{-\frac{z^2}{2}} z^{1-\delta} dz. \tag{A.1}$$

下一小节中引理 5.2.1 的证明表明 Y_t 是维度为 δ 的时变 Bessel 过程，这意味着 $\tau_l^Z = \phi(\tau_l^Y)$. 回想一下，$\varphi(\cdot)$ 是连接过程 $\{Y_t\}$ 和 Bessel 过程 $\{Z_t\}$ 的时钟. 因此，由 (A.1)，

$$\mathbb{P}(\tau_l^Y \leqslant T) = \mathbb{P}(\tau_l^Z \leqslant \phi(T)) \leqslant C \left(\frac{Y_0}{Y_0 - l}\right)^{1-\delta} \int_{\frac{Y_0 - l}{\sqrt{\phi(T)}}}^{+\infty} e^{-\frac{z^2}{2}} z^{1-\delta} dz.$$

注意，$\exp(-z^2/50)z^{1-\delta}$ 由仅依赖于 δ 的常数限定. 我们得到

$$\mathbb{P}(\tau_l^Y \leqslant T) \leqslant C \left(\frac{Y_0}{Y_0 - l}\right)^{1-\delta} \int_{\frac{Y_0 - l}{\sqrt{\phi(T)}}}^{+\infty} e^{-24z^2/50} dz. \tag{A.2}$$

结合 Karatzas and Shreve(1991) 的问题 2.9.22 中的不等式和 $l \in [0, Y_0/6]$ 这一事实，很容易证明 $\mathbb{P}(\tau_l^Y \leqslant T)$ 的限制成立.

引理 A.2：考虑 SABR 模型 (2.1) 中的波动率过程 $\{A_t\}$. 定义

$$\Omega_T := \{\inf_{s \in [0,T]}(X_0 + \frac{\rho}{\nu}(A_s - A_0)) \leqslant 0\}.$$

则，

$$\lim_{\nu \to 0} \mathbb{P}(\Omega_T) \leqslant (1 + 1/X_0) \cdot A_0^2 T \exp\left(-\frac{X_0^2}{2\rho^2 A_0^2 T}\right),$$

其中 $X_0 = F_0^{1-\beta}/(1-\beta)$.

证明：我们只考虑在这个证明中 $\rho > 0$ 的情况. 类似的论证适用于 $\rho \leqslant 0$ 的情况. 注意，A_s 由

$$A_s = A_0 \exp\left(-\frac{\nu^2 s}{2} + \nu W_s\right)$$

给定，对于所有 $s \in [0, T]$. 表示

$$C_A = \frac{\nu X_0}{\rho A_0} \geqslant 0.$$

我们得到

$$\inf_{s \in [0,T]} \left(X_0 + \frac{\rho}{\nu}(A_s - A_0) \right) \leqslant 0 \Leftrightarrow \inf_{s \in [0,T]} \exp(-\nu^2 s/2 + \nu W_s) \leqslant 1 - C_A.$$

若 $C_A \geqslant 1$,则 $\Omega_T = \emptyset$,引理显然成立. 若 $0 < C_A < 1$,则

$$\Omega_T = \left\{ \inf_{s \in [0,T]} (-\nu s/2 + W_s) \leqslant \frac{\ln(1 - C_A)}{\nu} \right\}.$$

上述等式右侧的集合对应于漂移布朗运动 $\{-\nu s/2 + W_s : s \geqslant 0\}$ 在 T 之前达到水平 $b := \ln(1 - C_A)/\nu < 0$ 的事件. 利用漂移布朗运动的首次通过时间分布(参阅 Karatzas & Shreve (1991)的公式(3.5.12)),

$$\mathbb{P}(\Omega_T) = \int_0^T \frac{-b}{\sqrt{2\pi s^3}} \exp\left(-\frac{b^2 + \nu b s + \nu^2 s^2/4}{2s} \right) ds$$

$$\leqslant \int_0^T \frac{-b}{\sqrt{2\pi s^3}} \exp\left(-\frac{b^2}{2s} \right) \cdot \exp\left(-\frac{\nu b}{2} \right) ds,$$

其中不等式是由于 $\exp(-\nu^2 s/8) \leqslant 1$ 这一事实. 令 $z = -b/\sqrt{s}$,上述不等式得出

$$\mathbb{P}(\Omega_T) \leqslant \sqrt{\frac{2}{\pi}} \frac{1}{\sqrt{1 - C_A}} \int_{-b/\sqrt{T}}^{+\infty} e^{-\frac{1}{2}z^2} dz.$$

使用 Karatzas & Shreve(1991)的问题 2.9.22 中的不等式,我们得到

$$\mathbb{P}(\Omega_T) \leqslant \frac{1}{\sqrt{1 - C_A}} \frac{\nu \sqrt{T}}{-\ln(1 - C_A)} \exp\left(-\frac{\ln^2(1 - C_A)}{2\nu^2 T} \right). \tag{A.3}$$

注意

$$\lim_{\nu \to 0} \frac{\ln(1-C_A)}{\nu \sqrt{T}} = -\frac{X_0}{\rho A_0 \sqrt{T}}.$$

在(A.3)两侧取极限 $\nu \to 0$，则我们得到结论.

引理 A.3: 对于任意 $c > \Delta_0 = (1-\rho^2) A_0^2 T$，

$$\mathbb{P}(\Delta \geq c) \leq C_1 (\nu \sqrt{T}) \exp(-C_2 (\nu \sqrt{T})^{-2})$$

其中 $C_1 = \dfrac{2\sqrt{2/\pi}}{\ln(c/\Delta_0)}$, $C_2 = \dfrac{(\ln(c/\Delta_0))^2}{8}$.

证明：注意 $\{A_s\}$ 遵循几何布朗运动. 因此，对于 $t \in [0, T]$，$A_t = A_0 \exp(-\nu^2 t + 2\nu W_t)$，并且我们得到

$$\Delta = (1-\rho^2) \int_0^T A_s^2 ds = \frac{\Delta_0}{T} \int_0^T \exp(-\nu^2 t + 2\nu W_t) dt.$$

则，

$$\mathbb{P}(\Delta \geq c) = \mathbb{P}\left(\int_0^T \exp(-\nu^2 t) \exp(2\nu W_t) dt \geq \frac{cT}{\Delta_0} \right).$$

上述等式右侧可进一步被下式限制

$$\mathbb{P}\left(\int_0^T \exp(2\nu \sup_{t \in [0,T]} W_t) dt \geq \frac{cT}{\Delta_0} \right).$$

因此，

$$\mathbb{P}(\Delta \geq c) \leq \mathbb{P}\left(\sup_{0 \leq t \leq T} W_t \geq \frac{1}{2\nu} \ln\left(\frac{c}{\Delta_0}\right) \right) = \sqrt{\frac{2}{\pi}} \int_{\frac{\ln(c/\Delta_0)}{2\nu\sqrt{T}}}^{\infty} e^{-\frac{x^2}{2}} dx$$

$$\leq \sqrt{\frac{8}{\pi}} \frac{\nu\sqrt{T}}{\ln(c/\Delta_0)} \exp\left(-\frac{\ln^2(c/\Delta_0)}{8\nu^2 T} \right),$$

其中我们使用第二个等式中布朗运动的运行最大值的分布密度；见 Karatzas & Shreve(1991)中的公式(2.8.3)和(2.9.20).

引理 A. 4：令 $M = \sum_{k=1}^{l} m_k'$，

$$\mathbb{E}\Big[\prod_{k=1}^{n}\Big(\int_0^T W_t^{m_k}dt\Big)^{m_k'}\Big|W_T\Big] = (M)!\int_S \mathbb{E}\Big[\prod_{k=1}^{n}(W_{s_1}^{m_k}\cdots W_{s_{m_k'}}^{m_k})\Big|W_T\Big]d\vec{s}$$

$$= (M)!\int_S \frac{\partial^M}{\partial \vec{s}^\alpha}\mathbb{E}\big[e^{(u,\vec{W})}\big|W_T\big]\Big|_{u=0}d\vec{s}$$

其中

$$\begin{cases} S = \{0 < s_1 < \cdots < s_{m_1'} < s_{m_1'+1} < \cdots < s_{m_1'+m_2'} < \cdots < s_M < T\}' \\ \vec{s} = (s_1, \cdots, s_{m_1'}, s_{m_1'+1}, \cdots, s_{m_1'+m_2'}, \cdots, s_M)' \\ \alpha = (\underbrace{m_1, \cdots, m_1}_{m_1'}, \underbrace{m_2, \cdots, m_2}_{m_2'}, \cdots, \underbrace{m_k, \cdots, m_k}_{m_k'})' \\ u = (u_1, \cdots, u_M), \vec{W} = (W_1, \cdots, W_M) \end{cases}$$

$\mathbb{E}\big[e^{(u,\vec{W})}\big|W_T\big]$ 布朗桥的矩母函数由引理 A. 5 给定.

引理 A. 4 的证明：易于得出结论.

引理 A. 5：令 $\vec{W} = (W_{t_1}, W_{t_2}, \cdots, W_{t_n})$，则

$$\mathbb{E}\big[e^{(u,\vec{W})}\big|W_T = y\big] = \prod_{i=1}^{n}\exp\Big(\alpha_i \sigma_i y + \frac{1}{2}\alpha_i^2 \sigma_i\Big)$$

其中 $0 = t_0 < t_1 < t_2 < \cdots < t_n < T, u = (u_1, u_2, \cdots, u_n) \in \mathbb{R}^n, (\cdot, \cdot)$ 为欧几里得空间中的内积(*the inner product in Euclidean space*)，且对于 $i = 1, \cdots, n, \sigma_i = \dfrac{t_i - t_{i-1}}{(T - t_i)(T - t_{i-1})}, \alpha_i = \sum_{j=i}^{n} u_j \cdot (T - t_j)$.

引理 A. 5 的证明：首先注意到布朗桥有限维分布的跃迁密度函数如下：

$$P(\vec{W} \in d\vec{x}\,|\,W_T = y) = \frac{\varphi(T - t_n, x_n - y)}{\varphi(T, y)}\prod_{i=1}^{n}\varphi(t_i - t_{i-1}, x_i - x_{i-1})d\vec{x},$$

其中 $\vec{x}=(x_1,x_2,\cdots,x_n)$，$x_0=0$，$\varphi(t,x)=\dfrac{1}{\sqrt{2\pi t}}e^{-\frac{x^2}{2t}}$. 因此

$$E[e^{(u,\vec{W})}\mid W_T=y]$$

$$=\int_{\mathbb{R}^n}e^{(u,\vec{W})}\cdot\frac{\varphi(T-t_n,x_n-y)}{\varphi(T,y)}\prod_{i=1}^{n}\varphi(t_i-t_{i-1},x_i-x_{i-1})d\vec{x}.$$

转换变量，我们可以明确地算出积分.

$$z_i=\frac{x_i}{T-t_i}-\frac{x_{i-1}}{T-t_{i-1}},i=1,\cdots,n.$$

直接计算得出

$$E[e^{(u,\vec{W})}\mid W_T=y]=\int_{\mathbb{R}^n}\exp\Big(\sum_{i=1}^{n}\alpha_i\cdot z_i\Big)\cdot\prod_{i=1}^{n}\varphi(\sigma_i,z_i-\sigma_i y)d\vec{z}$$

$$=\prod_{i=1}^{n}\exp\Big(\alpha_i\sigma_i y+\frac{1}{2}\alpha_i^2\sigma_i\Big).$$

引理 A. 6： $h_m(\epsilon,y)$，由（A. 24）定义，为 ϵ 的平滑函数. 此外

$$\frac{\partial^n h_m(\epsilon,y)}{\partial\epsilon^n}=\mathbb{E}^W\Big[\frac{\partial^n}{\partial\epsilon^n}\frac{(\Delta^{(\epsilon)})^m}{\sqrt{2\pi\Delta^{(\epsilon)}}}\exp\Big(-\frac{V}{2\Delta^{(\epsilon)}}\Big)\,\Big|\,W_T=y\Big].$$

证明：注意到 $\Delta^{(\epsilon)}$ 关于 ϵ 是正的且平滑的. 函数 $x^{m-1/2}e^{-x^{-1}}$，$x>0$ 是平滑的. 平滑函数的复合仍然是平滑的，结合条件期望的优势收敛定理，我们得到了结论.

A. 2. 主要结果的证明

引理 5.2.1 的证明：给定任意确定性正连续函数 $\varphi:[0,T]\rightarrow(0,+\infty)$，

注意过程 Y(见(2.7)),$\varphi(s)$ 和 $(\delta-1)\varphi^2(s)/(2Y_s)$ 的系数,是当 $Y_s>0$ 时空间变量 Y_s 中的局部 Lipschitz. 则,模仿 Karatzas & Shreve (1991) 的定理 5.2.5 的证明,我们可以很容易地证明 (2.7) 解在爆炸时间前的强唯一性

$$\tau=\{t\geq 0: Y_t=0\}.$$

令

$$\phi(t):=\int_0^t \varphi^2(\gamma)d\gamma$$

$$\psi(t):=\inf\{s>0: \phi(s)>t\}.$$

由于 $\varphi(\cdot)$ 是严格正且连续的,我们知道 $\varphi(t)$ 和 $\psi(t)$ 都是连续且单调递增的. 定义

$$M_t=\int_0^{\psi(t)} \varphi(\gamma)dB_\gamma.$$

注意

$$(M,M)_t=\int_0^{\psi(t)} \varphi^2(\gamma)d\gamma=t.$$

根据著名的 Levy 表征定理(见,例如,Karatzas & Shreve(1991) 的定理 3.3.16),很容易看出 $\{M_t\}$ 是关于过滤 $\{\mathcal{F}_{\psi(t)}^B: t\in[0,T]\}$ 的布朗运动. 给定 $Y_0>0$,可得

$$Z_t=Y_0+M_t+\int_0^t \frac{\delta-1}{2Z_s}ds \qquad (A.4)$$

为维度 δ 的 Bessel 过程. 因此,众所周知,(A.4) 的弱解存在至

$$\tau^Z=\{t\geq 0: Z_t=0\},$$

且在 $Z=0$ 为该过程的吸收边界的假设下,其跃迁密度应由下式给定

$$p^Z(t,Z_0,Z_t)=\begin{cases}\dfrac{Z_t}{t}\left(\dfrac{Z_t}{Y_0}\right)^{\frac{\delta-2}{2}}\exp\left(-\dfrac{Y_0^2+Z_t^2}{2t}\right)I_{1-\frac{\delta}{2}}\left(\dfrac{Y_0Z_t}{t}\right),&Z_t>0;\\[2em]\dfrac{1}{\Gamma(1-\delta/2)}\Gamma\left(1-\dfrac{\delta}{2},\dfrac{Y_0^2}{2t}\right),&Z_t=0,\end{cases}$$

$$(A.5)$$

关于 Bessel 过程的详细讨论见 Borodin and Salminen(1996).

对于任意 $t\geqslant 0$,令 $Y_t=Z_{\phi(t)}$. 易得

$$Y_t=Y_0+\int_0^t\varphi(\gamma)dB_\gamma+\int_0^t(\delta-1)\frac{\varphi^2(\gamma)}{2Y_\gamma}d\gamma.$$

到目前为止,我们已经表明 SDE(2.7)允许一个弱解. 结合强唯一性,可得(2.7)强解的存在性. 更进一步,由(A.5),我们还能得到 Y 的跃迁密度应该与定理所陈述的相同.

引理 5.2.2 的证明:对任意给定 $l\in(0,X_0/12)$,定义 $\overline{X}_0=X_0/2$. 从下式中给定 $\{A_t(\omega):0\leqslant t\leqslant T\}$ 的一个样本路径

$$\overline{\Omega}_T:=\left\{\omega:\inf_{s\in[0,T]}\left(X_0+\frac{\rho}{\nu}(A_s(\omega)-A_0)\right)>\overline{X}_0\right\},$$

考虑一个新过程 $\{\overline{X}_t\}$,满足以下 SDE

$$\overline{X}_t=\overline{X}_0+\rho^\perp\int_0^tA_sdB_s+\int_0^t\frac{(\delta-1)}{2}\frac{(\rho^\perp A_s)^2}{\overline{X}_t}ds.$$

引理 5.2.1 的证明表明,如果我们为 SDE 指定一个吸收边界,这样的 $\{\overline{X}_t\}$ 必须在强意义上唯一地存在.

令

$$\overline{\tau}_l=\inf\{t>0:\overline{X}_t\leqslant l\}.$$

应用比较原理(见,例如,Karatzas and Shreve(1991)中的命题 5.2.18)来比

较两个过程 $\overline{X}_t$ 和 X_t（其定义见（5-4）），可得

$$X_{T \wedge \tau_l \wedge \bar{\tau}_l} \geqslant \overline{X}_{T \wedge \tau_l \wedge \bar{\tau}_l},\qquad\qquad (A.6)$$

注意过程 X_t 的初始点，

$$X_0 + \frac{\rho}{\nu}(A_{T \wedge \tau_l \wedge \bar{\tau}_l} - A_0)$$

大于 $\overline{X}_0$，过程 $\overline{X}_t$ 的初始点，在 $\overline{\Omega}_T$ 上.

在事件 $\{\tau_l \leqslant T\} \cap \overline{\Omega}_T$ 中，若对于某些样本路径 $\tau_l \wedge \bar{\tau}_l$，则根据（A.6），

$$l = X_{\tau_l} = X_{T \wedge \tau_l \wedge \bar{\tau}_l} \geqslant \overline{X}_{T \wedge \tau_l \wedge \bar{\tau}_l} = \overline{X}_{\tau_l} > l.$$

矛盾！这暗示了

$$\{\tau_l \leqslant T\} \cap \overline{\Omega}_T = \{\tau_l \leqslant T, \tau_l \geqslant \bar{\tau}_l\} \cap \overline{\Omega}_T \subseteq \{\bar{\tau}_l \leqslant T\} \cap \overline{\Omega}_T.$$

根据全概率法则，

$$\mathbb{P}(\tau_l \leqslant T) = \mathbb{P}(\{\tau_l \leqslant T\} \cap \overline{\Omega}_T) + \mathbb{P}(\tau_l \leqslant t \mid \overline{\Omega}_T^c)\mathbb{P}(\overline{\Omega}_T^c) \leqslant \mathbb{P}(\bar{\tau}_l \leqslant T) + \mathbb{P}(\overline{\Omega}_T^c).$$

$$(A.7)$$

注意

$$\overline{\Omega}_T^c = \left\{\omega: \inf_{s \in [0,T]}\left(X_0 - \overline{X}_0 + \frac{\rho}{\nu}(A_s(\omega) - A_0)\right) \leqslant 0\right\}.$$

根据引理 A.2，可得存在 $\nu_0 > 0$ 使得 $\forall \nu < \nu_0$，

$$\mathbb{P}(\overline{\Omega}_T^c) \leqslant (1 + 1/X_0) \cdot A_0\sqrt{T}\exp\left(-\frac{(X_0 - \overline{X}_0)^2}{2\rho^2 A_0^2 T}\right).\qquad (A.8)$$

此外，观察到 $\overline{X}_t$ 是一个时变 Bessel 过程，其中 $\varphi(t) = \rho^\perp A_t$. 根据引理 A.1，可得存在正常数 $C > 0$，仅取决于 δ，使得

$$\mathbb{P}(\bar{\tau}_l \leqslant T) \leqslant C \, \mathbb{E}^W \left[\sqrt{\int_0^T (\rho^\perp A_s)^2 ds} \cdot \exp\left(- \frac{\overline{X}_0^2}{3\int_0^T (\rho^\perp A_s)^2 ds} \right) \right]$$

$$= C \, \mathbb{E}^W \left[\sqrt{\Delta} \cdot \exp\left(- \frac{\overline{X}_0^2}{3\Delta} \right) \right].$$

在上述不等式右侧使用 *Holder* 不等式，可得

$$\mathbb{P}(\bar{\tau}_l \leqslant T) \leqslant C \sqrt{\mathbb{E}^W[\Delta] \cdot \mathbb{E}^W \left[\exp\left(- \frac{2\,\overline{X}_0^2}{3\Delta} \right) \right]}. \tag{A.9}$$

根据 A_s 服从对数正态分布的事实，可得

$$\mathbb{E}^W[\Delta] = (\rho^\perp)^2 \int_0^T \mathbb{E}^W[A_s^2] ds$$
$$= (1 - \rho^2) A_0^2 \frac{\exp(\nu^2 T) - 1}{\nu^2} < (1 - \rho^2) A_0^2 T e^{\nu^2 T}. \tag{A.10}$$

此外，

$$\mathbb{E}^W \left[\exp\left(- \frac{2\,\overline{X}_0^2}{3\Delta} \right) \right] = \mathbb{E}^W \left[\exp\left(- \frac{2\,\overline{X}_0^2}{3\Delta} \right) (1_{\{\Delta > 2\Delta_0\}} + 1_{\{\Delta \leqslant 2\Delta_0\}}) \right]$$

$$\leqslant \mathbb{E}^W [1_{\{\Delta > 2\Delta_0\}}] + \exp\left(- \frac{2\,\overline{X}_0^2}{3\Delta} \right). \tag{A.11}$$

引理 A.3 给出了 $\mathbb{E}^W[1_{\{\Delta > 2\Delta_0\}}]$ 的估计；即，存在正常数 C，独立于 ν，使得

$$\mathbb{E}^W [1_{\{\Delta > 2\Delta_0\}}] \leqslant C(\nu\sqrt{T}) \exp(-C (\nu\sqrt{T})^{-2}). \tag{A.12}$$

将 (A.10—A.12) 代入 (A.9)，可得

$$\lim_{\nu \to 0} \mathbb{P}(\bar{\tau}_l \leqslant T) \leqslant C \cdot A_0\sqrt{T} \exp\left(- \frac{X_0^2}{6A_0^2 T} \right). \tag{A.13}$$

由 (A.7)，(A.8) 和 (A.13) 可知，对于所有 $l \in (0, X_0/12)$，存在 $C = C(F_0, \beta, \rho)$ 使得

$$\lim_{\nu \to 0} \mathbb{P}(\tau_l \leqslant T) \leqslant C \cdot A_0\sqrt{T} \exp\left(- \frac{X_0^2}{24A_0^2 T} \right).$$

定理 5.2.3 的证明:有几个步骤可以得到(5－13)的条件密度的近似值. 考虑集合 Λ_t^c 上的近似值,其中

$$\Lambda_t = \{X_0 + \frac{\rho}{\nu}(A_t - A_0) \leqslant 0\}.$$

为了近似(5－4)中的 X_t,我们使用由(5－8)定义的时变 Bessel 过程 $\widetilde{X}_t = Y_t(\widetilde{X}_0, \rho^\perp A(\cdot))$. 现在我们关注(5－13)中的收敛部分. $\forall h \in \text{Lip}[0, +\infty)$,Lipschitz 常数 M_h,且对于任意给定的 $l \in (0, X_0/12)$, $\max\limits_{[0,l]} h(x) \leqslant M/2$. 则

$$\mathbb{E}[|h(X_T) - h(\widetilde{X}_T)|] \leqslant \mathbb{E}[|h(X_T) - h(\widetilde{X}_T)| \mathbf{1}_{\{\tau_l \wedge \widetilde{\tau}_l > T\}}]$$
$$+ \mathbb{E}[|h(X_T) - h(\widetilde{X}_T)| \mathbf{1}_{\{\tau_l \wedge \widetilde{\tau}_l \leqslant T\}}]$$
$$+ \mathbb{E}[|h(X_T) - h(\widetilde{X}_T)| \mathbf{1}_{\Lambda^c}], \qquad (A.14)$$

其中 $\widetilde{\tau}_l = \inf\{t > 0 : \widetilde{X}_t \leqslant l\}$. 上式的三项可被估计如下. 对于 $\tau_l \wedge \widetilde{\tau}_l > T$,

$$|X_T - \widetilde{X}_T| = \left| \int_0^T \frac{(\rho^\perp A_t)^2 (\delta - 1)}{2} \left(\frac{1}{X_t} - \frac{1}{\widetilde{X}_t} \right) dt \right|$$

$$\leqslant \frac{(1-\delta)(1-\rho^2)}{2 \, l^2} \int_0^T A_t^2 |X_t - \widetilde{X}_t| dt,$$

则根据 Gronwall 不等式,对于所有 l 和 $\tau_l \wedge \widetilde{\tau}_l > T$,可得 $|X_T - \widetilde{X}_T| = 0$. 因此

$$\mathbb{E}[|h(X_T) - h(\widetilde{X}_T)| \mathbf{1}_{\{\tau_l \wedge \widetilde{\tau}_l > T\}}] \leqslant M \cdot \mathbb{E}[|X_T - \widetilde{X}_T| \mathbf{1}_{\{\tau_l \wedge \widetilde{\tau}_l > T\}}] \leqslant 0.$$
$$(A.15)$$

引理 5.2.2 给出了概率 $\mathbb{P}(\tau_l \leqslant T)$ 的估计. 如果我们仔细检查引理 5.2.2 的证明,很容易得到 $\mathbb{P}(\widetilde{\tau}_l \leqslant T)$ 的类似估计. 所以存在常数 C,它只依赖于参数 F_0, β 和 ρ,与 l 无关,对于任意给定的 $l \in \left[0, \dfrac{X_0}{12}\right)$,当 $\nu \to 0$ 时,可得

$$\mathbb{E}\big[\,|\,h(X_T)-h(\widetilde{X}_T)\,|\,\mathbf{1}_{\{\tau_l\wedge\widetilde{\tau}_l\leqslant T\}}\big]\leqslant M_h\cdot\mathbb{P}(\tau_l\wedge\widetilde{\tau}_l\leqslant T)$$

$$\leqslant M_h(\mathbb{P}(\tau_l\leqslant T)+\mathbb{P}(\widetilde{\tau}_l\leqslant T))$$

$$\leqslant M_h C\cdot A_0\sqrt{T}\exp\Big(-\frac{X_0^2}{24A_0^2 T}\Big).$$

$$(A.16)$$

使用引理 A. 2 中的估计和 Anderson-Pitbarg(2007)有限矩的结果,则存在一个常数 $C(F_0,\beta,\rho)$,当 $\nu\to 0$ 时,可得

$$\mathbb{E}\big[\,|\,h(X_T)-h(\widetilde{X}_T)\,|\,\mathbf{1}_{\Lambda^c}\big]\leqslant M_h\mathbb{E}\big[\,|\,X_T\,|\,1_{\Delta_T}\big]$$

$$\leqslant C(F_0,\beta,\rho)A_0\sqrt{T}\exp\Big(-\frac{X_0^2}{4\rho^2 A_0^2 T}\Big).$$

$$(A.17)$$

最后,结合(A. 14),(A. 15),(A. 16)和(A. 17),并从 X_T,Y_T 返回 $F_T,\widetilde{F}_T$,我们得到了想要的结论.

定理 5.3.2 的证明:在本节中,设 C 表示依赖于 F_0,β 和 ρ 的一般非负常数,与初始波动率 A_0,vol-of-vol ν 和 l 无关. 根据 $P_k^n(F,A)$ 的定义和(A.17),易得

$$ET=\Big|\iint_{\mathbb{R}_2^+}h(F)\big[\mathbb{P}(F\in dF,A\in dA)-P_k^n(F,A)dAdF\big]\Big|$$

$$\leqslant CA_0\sqrt{T}\exp\Big(-\frac{X_0^2}{4\rho^2 A_0^2 T}\Big)+ET_1+ET_2+ET_3,\qquad(A.18)$$

其中

$$ET_1=\Big|\int_l^{+\infty}h(F)\big[\mathbb{E}^W\big[(P(F\in dF,A\in dA)-G(F,\Delta))\,1_{\Delta_l}\big]dF\Big|,$$

$$ET_2=\Big|\int_l^{+\infty}h(F)\,\mathbb{E}^W\big[(G(F,\Delta)-G_k(F,\Delta))\,1_{\Delta_l}\big]dF\Big|,$$

$$ET_3 = \left| \int_l^{+\infty} h(F) \, \mathbb{E}^W \big[(G_k(F, \Delta) - G_k^n) \, \mathbf{1}_{\Lambda_l} \big] dF \right|,$$

和

$$\Lambda_l = \{ \omega : X_0 + \rho / \nu (A_T(\omega) - A_0) > l \}.$$

以下(A.19)，(A.20)，(A.21)，(A.22)和(A.25)给出了估计，取估计中的极限和 $l_X \approx \dfrac{F_0^{1-\beta}}{50(1-\beta)}$，我们得到了结论.

E_1 的估计：根据定理 5.2.3，可得

$$\lim_{\nu \to 0} ET_1 \leqslant C \cdot A_0 \sqrt{T} \exp\left(-\frac{X_0^2}{3A_0^2 T}\right). \tag{A.19}$$

ET_2 的估计：查看 2.1 节末尾修正 Bessel 函数的替代表示，我们可得

$$G(F, \Delta) = G_k(F, \Delta) + ET'_{21} + ET'_{22}$$

其中

$$
\begin{cases}
ET'_{21} = -\dfrac{(\widetilde{X}_0/X)^\alpha X}{F^\beta \Delta} \exp\left(-\dfrac{\widetilde{X}_0^2 + X^2}{2\Delta}\right) \cdot \\[4mm]
\qquad \dfrac{\exp(Z)}{\sqrt{2\pi Z}} \sum_{m=0}^{k} \dfrac{\left(\frac{1}{2}-\alpha\right)m}{m!\,(2Z)^m} \dfrac{\Gamma\left(\alpha+m+\frac{1}{2}, 2Z\right)}{\Gamma\left(\alpha+\frac{1}{2}\right)}, \\[6mm]
ET'_{22} = -\dfrac{(\widetilde{X}_0/X)^\alpha X}{F^\beta \Delta} \exp\left(-\dfrac{\widetilde{X}_0^2 + X^2}{2\Delta}\right) \cdot \\[4mm]
\qquad \dfrac{2\,(2Z)^\alpha \exp(Z)}{\Gamma\left(\alpha+\frac{1}{2}\right)\Gamma\left(\frac{1}{2}\right)} \sum_{m=k+1}^{\infty} \dfrac{\left(\frac{1}{2}-\alpha\right)m}{m!} \int_0^1 u^{2\alpha+2m} e^{-2u^2 Z} du, \\[6mm]
Z = \dfrac{\widetilde{X}_0 X}{\Delta}, \alpha = 1-\delta/2 > 0, l_X = l^{1-\beta}/(1-\beta).
\end{cases}
$$

现在我们可得

$$ET_2 \leqslant ET_{21} + ET_{22} = \left| \int_l h(F) ET'_{21} dF \right| + \left| \int_l h(F) ET'_{22} dF \right|$$

$$(A.20)$$

变量代换，则

$$ET_{21} \leqslant C \left| \int_{l_X}^{+\infty} \mathbb{E}^W \left[\frac{X^{\frac{2-\beta}{1-\beta}} (\widetilde{X}_0/X)^\alpha \exp\left(-\frac{(\widetilde{X}_0 - X)^2}{2\Delta}\right)}{\sqrt{2\pi\Delta\, \widetilde{X}_0 X}} \right. \right.$$

$$\left. \left. \sum_{m=0}^{k} \frac{\left(\frac{1}{2}-\alpha\right)m}{m!\,(2Z)^m} \frac{\Gamma\left(\alpha+m+\frac{1}{2}, 2Z\right)}{\Gamma\left(\alpha+\frac{1}{2}\right)} 1_\Lambda \right] dX \right|$$

当 Δ_0 足够小时，

$$\Gamma\left(\alpha+m+\frac{1}{2}, 2Z\right) \approx (2Z)^{\alpha+m-1/2} e^{-2Z},$$

则

$$ET_{21} \leqslant C\, \mathbb{E}^W \left[\int_{l_X}^{+\infty} \frac{X^{\frac{2-\beta}{1-\beta}} \widetilde{X}_0^{1-\delta} \exp\left(-\frac{(\widetilde{X}_0 - X)^2}{2\Delta}\right)}{\Delta^{1-\delta/2}} \exp\left(-\frac{2\,\widetilde{X}_0 X}{\Delta}\right) 1_\Lambda dX \right],$$

结合我们在（A.11）和（A.12）中使用的技术，

$$ET_{21} \leqslant C \exp\left(-\frac{l_X^2}{\Delta_0}\right) \mathbb{E}^W \left[\int_{l_X}^{+\infty} \Delta^{\frac{1}{2(1+\beta)}} \frac{X^{1/(1-\beta)}\, \widetilde{X}_0^{1-\delta} \exp\left(-\frac{\widetilde{X}_0^2 + X^2}{2\Delta}\right)}{\sqrt{\Delta}^{1/(1-\beta)+1-\delta}} \frac{dX}{\sqrt{\Delta}} 1_\Lambda \right]$$

$$+ C_\nu \sqrt{T} \exp\left(-\frac{1}{8\nu^2 T}\right).$$

注意函数 $f(x) = x^{-c} e^{-x^{-1}}, x > 0, c > 0$ 的有界性，最后我们得到

$$ET_{21} \leqslant C\Delta_0^{\frac{1}{2(1+\beta)}} \exp(-l_X^2 \Delta_0^{-1}) + C\nu \sqrt{T} \exp(-1/(8\nu^2 T)). \quad \text{(A. 21)}$$

我们可以对 ET_{22} 相似地组织,唯一不同是我们拆分了积分

$$\int_0^1 u^{2\alpha+2(k+1)} \exp(-2u^2 Z) du$$

$$= \left(\int_0^{\Delta^{(1-\sigma)/2}} u^{2\alpha+2(k+1)} \exp(-2u^2 Z) du + \int_{\Delta^{(1-\sigma)/2}}^1 u^{2\alpha+2(k+1)} \exp(-2u^2 Z) du \right)$$

$$\leqslant \Delta^{(1-\sigma)(k+1-\delta/2)} + \exp(-(2X\widetilde{X}_0)/\Delta^\sigma),$$

其中 $\sigma = \dfrac{k}{2(k+1-\delta/2)} > 0$,则

$$ET_{22} \leqslant C\, \mathbb{E}^W \left[\frac{\widetilde{X}_0^{2-\delta}}{\Delta^{1-\frac{\delta}{2}-\frac{1}{2(1-\beta)}}} \int_{l_X}^{+\infty} \frac{X^{\frac{2-\beta}{1-\beta}} \exp\left(-\dfrac{(\widetilde{X}_0-X)^2}{2\Delta}\right)}{\Delta^{\frac{2-\beta}{2(1-\beta)}}} \frac{dX}{\sqrt{\Delta}} \left(\Delta^{(1-\sigma)(k+1-\delta/2)} \right. \right.$$

$$\left. \left. + \exp\left(-\frac{2\, l_X^2}{\Delta^\sigma}\right) \right) \right]$$

$$\leqslant C(\Delta_0^{-\delta_1} \exp(-2\, l_X^2 \Delta_0^{-\delta_2}) + \Delta_0^{\frac{9k}{10}+\frac{1}{2(1-\beta)}} + \nu \sqrt{T} \exp(-1/(8\nu^2 T))),$$

$$\text{(A. 22)}$$

其中 $\delta_1 = 1 - \dfrac{\delta}{2} - \dfrac{1}{2(1-\beta)} = \dfrac{\beta \rho^2}{2(1-\beta)(1-\rho^2)} > 0$,且 $\delta_2 = \dfrac{1}{20-5\delta} > 0$.

ET_3 的估计:取展开式(2.16)中的期望,并使用条件期望的塔规则,则可得

$$\mathbb{E}^W[G_k(F,\Delta)\, 1_\Lambda] = \mathbb{E}^W\left[\left(\frac{\widetilde{F}_0}{F}\right)^{(1-\beta)(1-\delta)/2} F^{-\beta} 1_\Lambda \left\{ \sum_{m=0}^k U_m \cdot h_m(1, W_T) \right\} \right],$$

$$\text{(A. 23)}$$

其中

$$h_m(\epsilon,y)=\mathbb{E}^W\left[\frac{(\Delta^{(\epsilon)})^m}{\sqrt{2\pi\Delta^{(\epsilon)}}}\exp\left(-\frac{(\widetilde{X}_0-X)^2}{2\Delta^{(\epsilon)}}\right)\Bigg|W_T=y\right],m=0,1,\cdots,k.$$

$$(A.24)$$

从引理 A.6, 我们首先得到在 $\mathbb{E}^W$ 的条件期望下 $h_m(\epsilon,W_T)$ 的展开等于 $G_k(F,\Delta^{(\epsilon)})$ 关于 ϵ 的展开, 然后取期望. 因此

$$\begin{aligned}ET_3 &\leqslant \left|\int_l h(F)\mathbb{E}^W[G_k(F,\Delta^{(1)})-G_k^n]dF\right|\\ &\leqslant C\nu^{n+1}\left|\int_l h(F)\mathbb{E}^W[g(F,A_T)]dF\right|\\ &\leqslant C\nu^{n+1}.\end{aligned}$$

$$(A.25)$$

参考文献

[1] Abate, J. and Whitt, W., The Fourier-series method for inverting transforms of probability distributions. *Queueing Syst.*, 1992, 10, 5 – 87.

[2] Abramowitz, M. and Stegun, I. A., *Handbook of Mathematical Functions*, 1972 (Dover: New York).

[3] Andersen, L., Piterbarg, V., 2007. Moment explosions in stochastic volatility models. *Finance Stoch*. 11 (1), 29 – 50.

[4] Balland, P. and Tran, Q., SABR goes normal. *Risk*, 2013, 26, 72 – 77.

[5] Bayer, C., Friz, P. and Loeffen, R., Semi-closed form cubature and applications to financial diffusion models. *Quant. Finance*, 2013, 13, 769 – 782.

[6] Benton, D., Krishnamoorthy, K., 2003. Computing discrete mixtures of continuous distributions: noncentralchisquare, noncentral and the

distribution of the square of the sample multiple correlation coefficient. *Comput. Statist. Data Anal.* 43, 249 – 267.

[7] Borodin, A. and Salminen, P. , *Handbook of Brownian Motion-facts and Formulae* , 2nd ed. , 2002 (Springer: Basel).

[8] Brigo, D. , Mercurio, F. , 2006. *Interest Rate Models: Theory and Practice with Smile, Inflation and Credit* , second ed. Springer Verlag, New York.

[9] Cai, N. , Song, Y. and Chen, N. , Exact simulation of the SABR model. *Oper. Res.* , 2017, 65, 931 – 951.

[10] Carr, P. , Linetsky, V. , 2006. A jump to default extended CEV model: an application of bessel processes. *Finance Stoch.* 10 (3), 303 – 330.

[11] Chen, B. , Oosterlee, W. C. and van der Weide, H. , A low-bias simulation scheme for the SABR stochastic volatility model. *Int. J. Theor. Appl. Finan.* , 2012, 15, 1250016-1-1250016-37.

[12] Chen, N. and Liu, Y. , Sensitivity estimation of SABR model via derivative of random variables. Proceedings of the 2011 Winter Simulation Conference, Vol. 114, issue 3, pp. 3871 – 3882, 2011.

[13] Davydov, D. , Linetsky, V. , 2001. Pricing and hedging path-dependent options under the CEV process. *Manag. Sci.* 47 (7), 949 – 965.

[14] Delbaen, F. and Shirakawa, H. , A note on option pricing for the constant elasticity of variance model. *Asia-Pac. Financ. Markets*, 2002, 9(2), 95 – 99.

[15] De Marco，S.，Hillairet，C. and Jacquier，A.，Shapes of implied volatility with positive mass at zero. *SIAM J. Financ. Math.*，2017，8(1)，709 – 737.

[16] Ding，C.，1992. Algorithm AS 275：computing the non-centralχ2 distribution function. *Appl. Statist.* 41，478 – 482.

[17] Doust，P.，No-arbitrage SABR. *J. Comput. Finan.*，2012，110，3 – 31.

[18] Dyrting，S.，2004. Evaluating the noncentral chi-square distribution for the Cox-Ingersoll-Ross process. *Comput. Econ.* 24，35 – 50.

[19] Fouque，J.-P.，Papanicolaou，G.，Sircar，R.，20 0 0. *Derivatives in Financial Markets with Stochastic Volatility*. Cambridge University Press，Cambridge，UK.

[20] Fouque，J.-P.，Papanicolaou，G.，Sircar，R.，Solna，K.，2003. Multiscale stochastic volatility asymptotics. *Multiscale Model. Simul.* 2，22 – 42.

[21] Fraser，D.，Wu，J.，Wong，A.，1998. An approximation for the noncentral chi-squareddistribution. *Commun. Statist. Simul. Comput.* 27，275 – 287.

[22] Fukasawa，M.，The normalizing transformation of the implied volatility smile. *Math. Finance*，2012，22(4)，753 – 762.

[23] Gatheral，J.，Hsu，E. P.，Laurence，P.，Ouyang，C. and Wang，T.-H.，Asymptotics of implied volatility in local volatility models. *Math. Finance*，2012，22，591 – 762.

[24] Gulisashvili，A.，Left-wing asymptotics of the implied volatility in

the presence of atoms. *Int. J. Theor. Appl. Financ.*, 2015, 18, 1550013 (1 – 25).

[25] Gulisashvili, A., Horvath, B., Jacquier, A., 2015. Mass at zero for small-strike implied volatility expansion in the SABR model. arXiv:1502.03254.

[26] Gulisashvili, A., Horvath, B. and Jacquier, A., On the probability of hitting the boundary of a Brownian motion on the SABR plane. *Electron. Commun. Probab.*, 2016a, 21(75), 1 – 13.

[27] Gulisashvili, A., Horvath, B. and Jacquier, A., Mass at zero in the uncorrelated SABR modeland implied volatility asymptotics, 2016b. Available online at: http://arxiv.org/pdf/1502.03254.pdf (accessed 1 Oct 2017).

[28] Gulisashvili, A., Horvath, B. and Jacquier, A., Mass at zero in the uncorrelated SABR modeland implied volatility asymptotics. *Quant. Finance*, 2018. doi:10.1080/14697688.2018.1432883.

[29] Hagan, P. S., Kumar, D., Lesniewski, A. and Woodward, D., Managing smile risk. *Wilmott Mag.*, 2002, 1, 84 – 108.

[30] Hagan, P. S., Kumar, D., Lesniewski, A. and Woodward, D., Arbitrage-free SABR. *Wilmott Mag.*, 2014, 69, 60 – 75.

[31] Hagan, P. S., Lesniewski, A. and Woodward, D., Probability distribution in the SABR model of stochastic volatility. In *Large Deviations and Asymptotic Methods in Finance*, edited by P. Friz, J. Gatheral, A. Gulisashvili, A. JacquierJ. Teichmann, pp. 1 – 35, 2015 (Springer-Verlag: Berlin).

[32] Henry-Labordère, P., A general asymptotic implied volatility for stochastic volatility models, 2005. Available online at: http://papers. ssrn. com/sol3/papers. cfm? abstract_id＝698601 (accessed 24 Aug 2015).

[33] Heston, S., Loewenstein, M. and Willard, G., Options and bubbles. *Rev. Financ. Stud.*, 2007, 20, 359 - 390.

[34] Hobson, D., Comparison results for stochastic volatility models via coupling. *Finance Stoch.*, 2010, 14, 129 - 152.

[35] Howison, S. D., Steinberg, M., 2007. A matched asymptotic expansions approach to continuity corrections for discretely sampled options. Part 1: barrier options. *Appl. Math. Finance* 14 (1), 63 - 89.

[36] Hsu, E. P., On the principle of not feeling the boundary for diffusion processes. *J. London Math. Soc.*, 1995, 51(2), 373 - 382.

[37] Ilhan, A., Jonsson, M., Sircar, R., 2004. Singular perturbations for boundary value problems arising from exotic options. *SIAM J. Appl. Math.* 64 (4), 1268 - 1293.

[38] In't Hout, K. J. and Foulon. S., ADI finite difference schemes for option pricing in the Heston model with correlation. *Int. J. Numer. Anal. Model.*, 2010, 7(2), 303 - 320.

[39] Islah, O., Solving SABR in exact form and unifying it with LIBOR market model, 2009. Available online at: https://ssrn. com/abstract＝1489428 (accessed 5 December 2013).

[40] Jeanblanc, M., Yor, M. and Chesney, M., *Mathematical Methods for Financial Markets*, 2009 (Springer: London).

[41] Jiang, L., *Mathematical Modelling and Methods of Option Pricing*, 2005 (World Scientific: Singapore).

[42] Kac, M., On some connections between probability theory and differential and integral equations. In *Proceedings of the Second Berkeley Symposium on Mathematical Statistics and Probability*, edited by J. Neyman, pp. 189 – 215, 1951 (University of California Press: Berkeley).

[43] Kallenberg, O., *Foundations of Modern Probability*, 1997 (Springer-Verlag: New York).

[44] Karatzas, I. and Shreve, S. E., *Brownian Motion and Stochastic Calculus*. 2nd ed., 1991 (Springer-Verlag: New York).

[45] Karlin, S. and Taylor, H. M., *A Second Course in Stochastic Processes*, 1981 (Academic Press Inc. : New York-London).

[46] Kevorkian, J., Cole, J. D., 1996. *Multiple Scale and Singular Perturbation Methods*. Springer, New York.

[47] Knüsel, L., Bablok, B., 1996. Computation of the noncentral gamma distribution. *SIAM J. Sci. Comput.* 17 (5), 1224 – 1231.

[48] Kwok, Y. K., Wu, L., Yu, H., 1998. Pricing multi-asset options with an external barrier. *Int. J. Theor. Appl. Finan.* 1 (4), 523 – 541.

[49] Larguinho, M., Dias, J., Braumann, C., 2013. On the computation of option prices and greeks under the CEV model. *Quant. Finance*

13 (6), 907 – 917.

[50] Lee, R. W., The moment formula for implied volatility at extreme strikes. *Math. Finance*, 2004, 14(3), 469 – 480.

[51] Leitao, A., Grzelak, L. A. and Oosterlee, C. W., On an efficient multiple time step Monte Carlo simulation of the SABR model. *Quant. Finance*, 2017, 17, 1549 – 1565.

[52] Lesniewski, A., Notes on the CEV model, 2009. Available online at: http://www. lesniewski. us/papers/working/NotesOnCEV. pdf (accesed on 6 Apr 2011).

[53] Li, C., 2013. Maximum-likelihood estimation for diffusion processes via closed-form density expansions. *Ann. Statist.* 41 (3), 1350 – 1380.

[54] Li, C., 2014. Closed-form expansion, conditional expectation, and option valuation. *Math. Oper. Res.* 39 (2), 487 – 516.

[55] Linetsky, V., Spectralmethods in derivatives pricing. In *Handbooks in Operations Research &Management Science*, edited by J. R. Birge and V. Linetsky. Vol. 15, pp. 223 – 299, 2007 (Elsevier: Amsterdam).

[56] Lions, P. L. and Musiela, M., Correlations and bounds for stochastic volatility models. *Ann. I'Institut Henri Poincare (C) Non Linear Anal.*, 2007, 24, 1 – 16.

[57] Matsumoto, H. and Yor, M., Exponential functionals of Brownian motion, I: probability laws at fixed time. *Probability Surveys*, 2005, 2, 312 – 347.

[58] Musiela, M., Rutkowski, M., 2004. *Martingale Methods in*

Financial Modelling. Springer, New York.

[59] Obłój, J. , Fine-tune your smile: Correction to Hagan et al. *Wilmott Mag.* , 2008, 35, 102 – 104.

[60] Oleinik, E. and Radkevich, V. , *Second-order Equations with Nonnegative Characteristic Form*, 1971 (Springer Science &. Business Media: Moscow).

[61] Osajima, Y. , The asymptotic expansion formula of implied volatility for dynamic SABR model and FX hybrid model, 2007. Available from: http://papers. ssrn. com/sol3/papers. cfm? abstract _ id = 965265 (accesed on 31 Jan 2013).

[62] Paulot, L. , Asymptotic implied volatility at the second order with application to the SABR model. In *Large Deviations and Asymptotic Methods in Finance*, edited by P.

[63] Friz, J. Gatheral, A. Gulisashvili, A. Jacquier and J. Teichmann, pp. 37 – 69, 2015 (Springer-Verlag: Berlin).

[64] Polyanin, D. , *Handbook of Linear Partial Differential Equations for Engineers and Scientists*, 2002 (Chapman &. Hall/CRC: London).

[65] Press, W. H. , Teukolsky, S. A. , Vetterling, W. T. , Flannery, B. P. , 1992. *Numerical Recipes in C: The Art of Scientific Computing*, secdon ed. Cambridge University Press, Cambridge.

[66] Radkevich, V. , Equations with nonnegative characteristic form I. *J. Math. Sciences*, 2009, 158, 297 – 452.

[67] Rebonato, R. , McKay, K. and White, R. , *The SABR/LIBOR Market Model: Pricing, Calibration and Hedging for Complex*

Interest-rate Derivatives, 2009 (JohnWiley & Sons: Chichester).

[68] Rogers, L. C. G. and Tehranchi, M. R., Can the implied volatility surface move by parallel shifts? *Financ. Stoch.*, 2010, 14, 235 – 248.

[69] Sankaran, M., 1963. Approximations to the non-central chi-square distribution. *Biometrika* 50, 199 – 204.

[70] Schroder, M. S., 1989. Computing the constant elasticity of variance option pricing formula. *J. Finance* 44 (1), 211 – 219.

[71] Shreve, S. E., *Stochastic Calculus for Finance II: Continuous-time Models*, 2004 (Springer Science & Business Media: New York).

[72] Temme, N. E., 1993. Asymptotic and numerical aspects of the noncentral chi-square distribution. *Comput. Math. Appl.* 25 (5), 55 – 63.

[73] Varadhan, S. R. S., Diffusion processes in asmall time interval. *Comm. Pure Appl. Math*, 1967, 20, 659 – 685.

[74] Watanabe, S., 1987. Analysis of wiener functionals (Malliavin calculus) and its applications to heat kernels. *Ann. Probab.* 15, 1 – 39.

[75] Widdicks, M., Duck, P., Andricopoulos, A., Newton, D., 2005. The Black – Scholes equation revisied: asymptotic expansions and singular perturbations. *Math. Finance* 15 (2), 373 – 391.

[76] Yang, N., Chen, N., Liu, Y. and Wan, X., Approximate arbitrage-free option pricing under the SABR model. *J. Econ. Dyn. Control*, 2017, 83, 198 – 214.

[77] Yang, N., Wan, X., 2016. First Passage Times of the SABR Model: Asymptotics and Application. SSRN working paper ♯ 2847553.

[78] Yang, N. and Wan, X., The survival probability of the SABR model: asymptotics and application. *Quant. Finance*, 2018. doi: 10. 1080/14697688. 2017. 1422083.

图书在版编目(CIP)数据

低利率环境下 SABR 随机波动率模型的计算问题研究 /
杨念著. — 南京 : 南京大学出版社，2024. 11.

ISBN 978 - 7 - 305 - 28493 - 9

Ⅰ. F820.1

中国国家版本馆 CIP 数据核字第 2024UN3770 号

出版发行　南京大学出版社

社　　址　南京市汉口路 22 号　　　　　邮　编　210093

书　名　**低利率环境下 SABR 随机波动率模型的计算问题研究**
　　　　　DILILÜ HUANJING XIA SABR SUIJI BODONGLÜ MOXING DE JISUAN WENTI YANJIU

著　者　杨　念

责任编辑　徐　媛　　　　　　　　编辑热线　025 - 83592655

照　排　南京南琳图文制作有限公司

印　刷　苏州市古得堡数码印刷有限公司

开　本　718 mm×960 mm　1/16　印张 11.5　字数 153 千

版　次　2024 年 11 月第 1 版　2024 年 11 月第 1 次印刷

ISBN 978 - 7 - 305 - 28493 - 9

定　价　85.00 元

网址：http://www. njupco. com

官方微博：http://weibo. com/njupco

官方微信号：njupress

销售咨询热线：(025) 83594756